日帰り旅行は電車に乗って
関西編

細川貂々《てんてん》

ウチの息子は今10歳

息子が3歳のときに関西に引っ越しして
もう7年になります

男の子は
電車・乗り物
好きと
恐竜・生き物
好きと
どちらかに
わかれると
言いますが
ウチの息子は
1歳半から
電車好き
うぃーん
うぃーん
東京メトロ東西線の
加速音
息子の幼少期
電車は特別な
存在でした

でも東京圏の電車は
いつも混雑していて
子どもを電車にあまり
乗せられません
運転席の窓も
高い位置にあって
子どもから見えない
のでだっこする
ボクが育った
関西の電車は
こんなんじゃ
なかったけどな
私はずっと
売れない
マンガ家を
していた
のですが
私なんて
ダメ人間…
ツレこと夫が
うつ病になり
その闘病を描いた
マンガがヒットした
ことで
家計を支える
大黒柱となりました
ツレは病気が
よくなった後も
専業主夫
育児を引きうけて
くれました
東日本大震災後
もっと暮らしやすい
ところに引っ越しても
いいんじゃないか？

引っ越しするなら
私の大好きな
「歌劇の聖地」
宝塚がいいな
軽く言ってみた
OK!!
ボク中学時代
大阪に住んでて
関西好きだった!!
えー
うそっ
なんと
関西の電車は
ツレの
記憶のまま
カラフルな車体
子どもにも見える運転席
混んでない
のんびりしてる
思いきって
関西に
引っ越して
きたら
電車好きな
息子は
あっという間に
関西の電車に夢中!!
パパも
夢中
ハハも時々
夢中
そんなわけで
私たちの
関西電車物語
はじまりはじまり

日帰り旅行は電車に乗って 関西編

目次

秋の巻

冬の巻

春
の巻

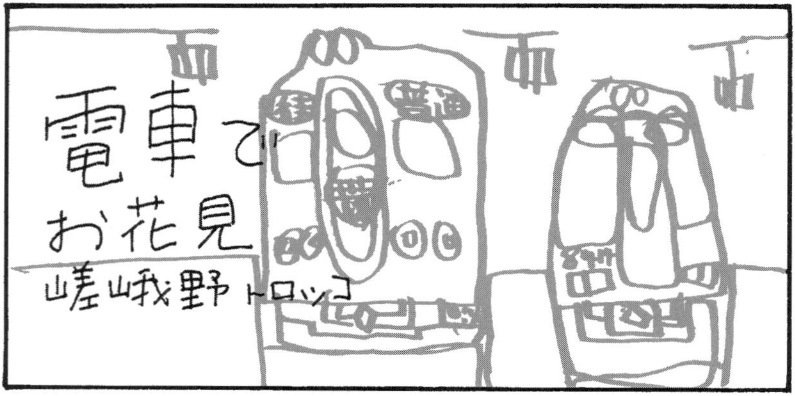
電車でお花見
嵯峨野トロッコ

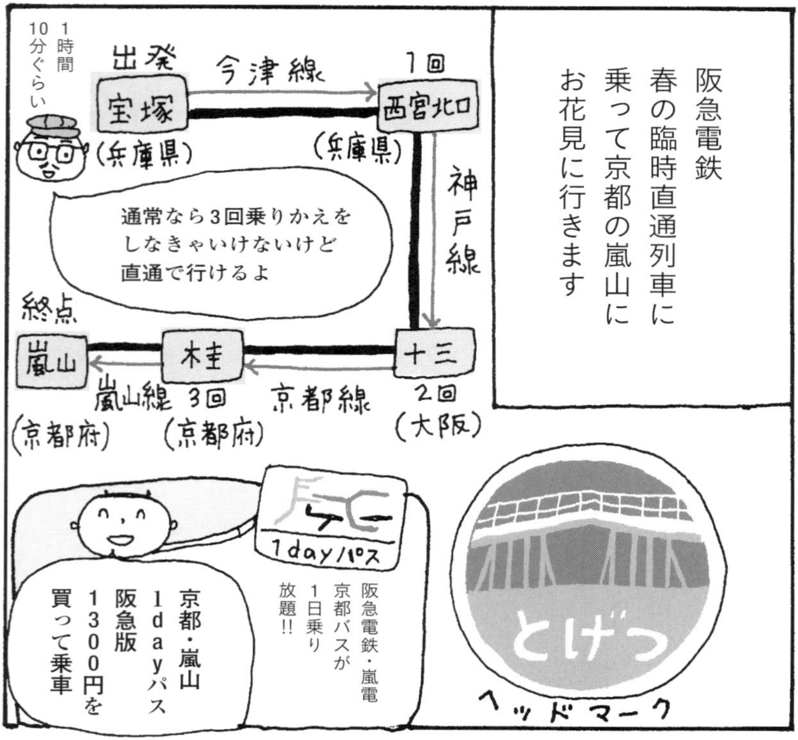
阪急電鉄 春の臨時直通列車に乗って京都の嵐山にお花見に行きます
1時間10分ぐらい
出発
宝塚
(兵庫県)
今津線
1回
西宮北口
(兵庫県)
神戸線
通常なら3回乗りかえをしなきゃいけないけど直通で行けるよ
終点
嵐山
(京都府)
嵐山線
3回
桂
(京都府)
京都線
十三
2回
(大阪)
1dayパス
阪急電鉄・嵐電 京都バスが 1日乗り 放題!!
京都・嵐山 1dayパス 阪急版 1300円を 買って乗車
とげつ
ヘッドマーク

参加した人
ツレ
息子
何度も乗ってる
てんてん
担当ミッキーさん
はじめて乗る
この電車は1日1本しか走りません
嵐山行のりば
わっもうたくさん並んでる
みんなどこに乗ればいいかわかってるんだよ
ボクらもいそごう!!
はい
あれ?ここ一番うしろの車両だよいいの?
うん ここでいいの!な!!
うん
ガタン ゴトン ガタン ゴトン
でもまあいつもと同じ電車ですよね
いつもの阪急電車ですねえ
いつもと同じようにみえて
いつもとちがう

阪急電車は乗り心地がバツグンです

それがこの「とげつ号」の魅力だよな
うんっ
もうすぐワクワクポイントが近づいてくるぞ
ワクワクポイント？
この電車は西宮北口には止まりませんのでご注意ください
ざわ
とまらへんのっ・
そーなん？
うそっ
ふだんとちがう電車が来てると思わないで乗ってしまったお客さんはあわててひとつ手前の駅でおりる
おりなあかん
いつもと同じ電車ですもんね乗っちゃいますよね
ホラホラワクワクポイントその1っ
ねえ

西宮北口…ほぼすべての電車が止まる主要駅のひとつ。通称「ニシキタ」

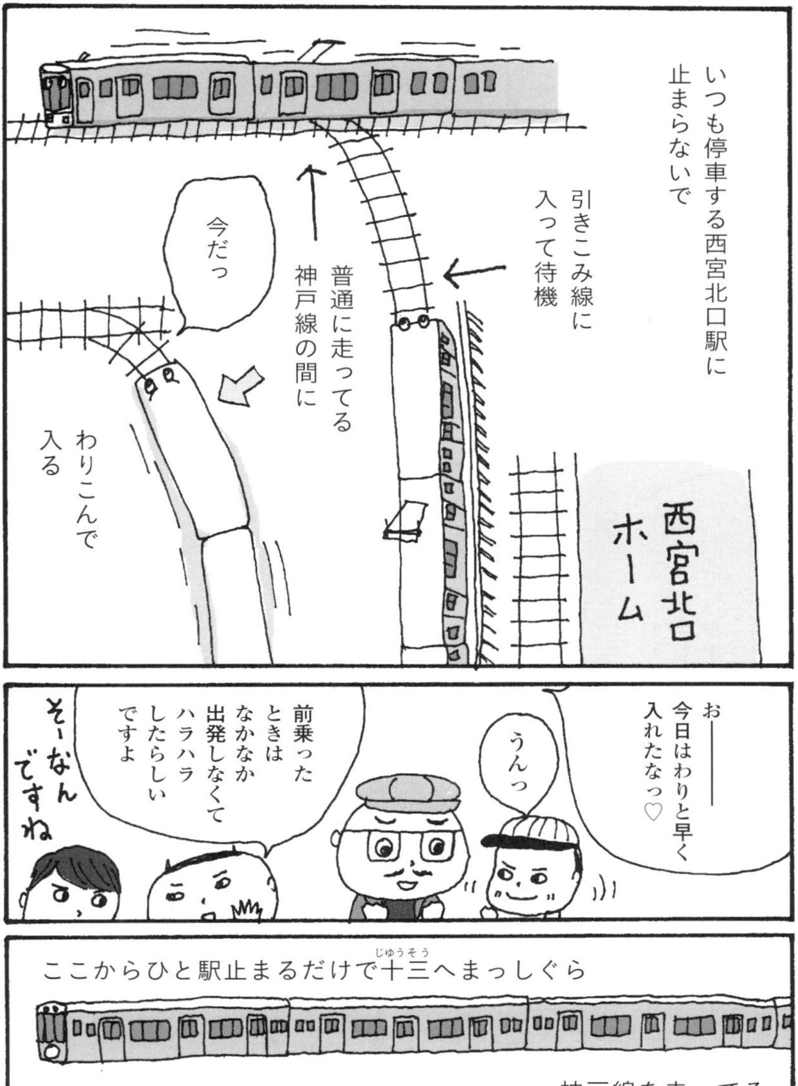
いつも停車する西宮北口駅に止まらないで
引きこみ線に入って待機
普通に走ってる神戸線の間に
わりこんで入る
今だっ
西宮北口ホーム
お――――
今日はわりと早く入れたなっ♡
うんっ
前乗ったときはなかなか出発しなくてハラハラしたらしいですよ
そーなんですね
ここからひと駅止まるだけで十三《じゅうそう》へまっしぐら
神戸線を走ってる

次のワクワクポイント
ここの説明を手でしてやろうか？
え？手で？
十三駅
神戸線ホーム
まずこうやって十三で神戸線のホームに止まる
そしたらいったん車止めのある線路に入って待つ
京都線ホーム
そのまま京都線のホームに戻る
ここで電車の前と後が逆になるんだよ
オレらの乗ってる車両が一番前になるんだよ!!
そーゆーことだったんだね

これを「スイッチバック」といいます

十三で一番前の車両になって京都まで全速力
阪急に乗ってスイッチバックが体験できるって
いいよねえ
こうが
こうだよ？
スゴイよね

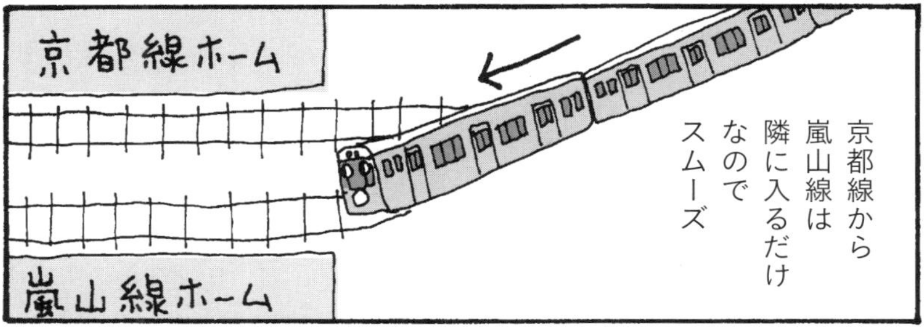
京都線から嵐山線は隣に入るだけなのでスムーズ
京都線ホーム
嵐山線ホーム

乗りかえなしで嵐山に着いたっ
嵐山は満開の桜

嵐電《らんでん》嵐山駅の駅前にあるお店です

ボクは今日こそかなえたい目的がある
コロッケ?
それは嵐山名物のコロッケを食べることだ!!
いつ来ても行列ができてて買えなかったのだ
あ、今日は全然並んでないっ
嵐山名物コロッケ
コロッケ
串カツ
ハムカツ
OPEN
ソフトクリーム
でも隣のソフトクリーム屋さんはすごい行列だ
今日は4月にしては20℃ちかくありますものね
やっと念願のコロッケが食べられる!!
コロッケか……オレは土曜にコロッケは食べたくないな……

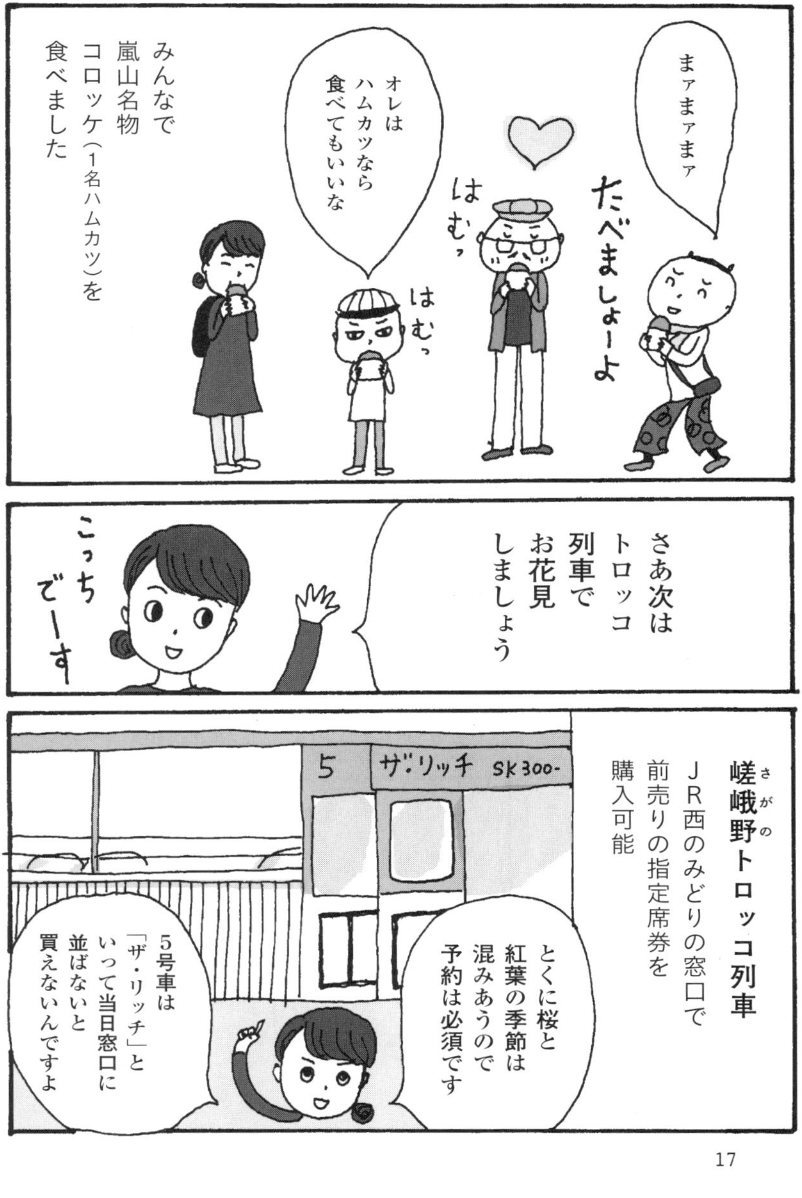
まァまァまァ
たべましょーよ
はむっ
オレは ハムカツなら 食べてもいいな
はむっ
みんなで嵐山名物コロッケ（1名ハムカツ）を食べました
さあ次はトロッコ列車でお花見しましょう
こっちでーす
嵯峨野《さがの》トロッコ列車
JR西のみどりの窓口で前売りの指定席券を購入可能
5
ザ・リッチ
SK300-
とくに桜と紅葉の季節は混みあうので予約は必須です
5号車は「ザ・リッチ」といって当日窓口に並ばないと買えないんですよ

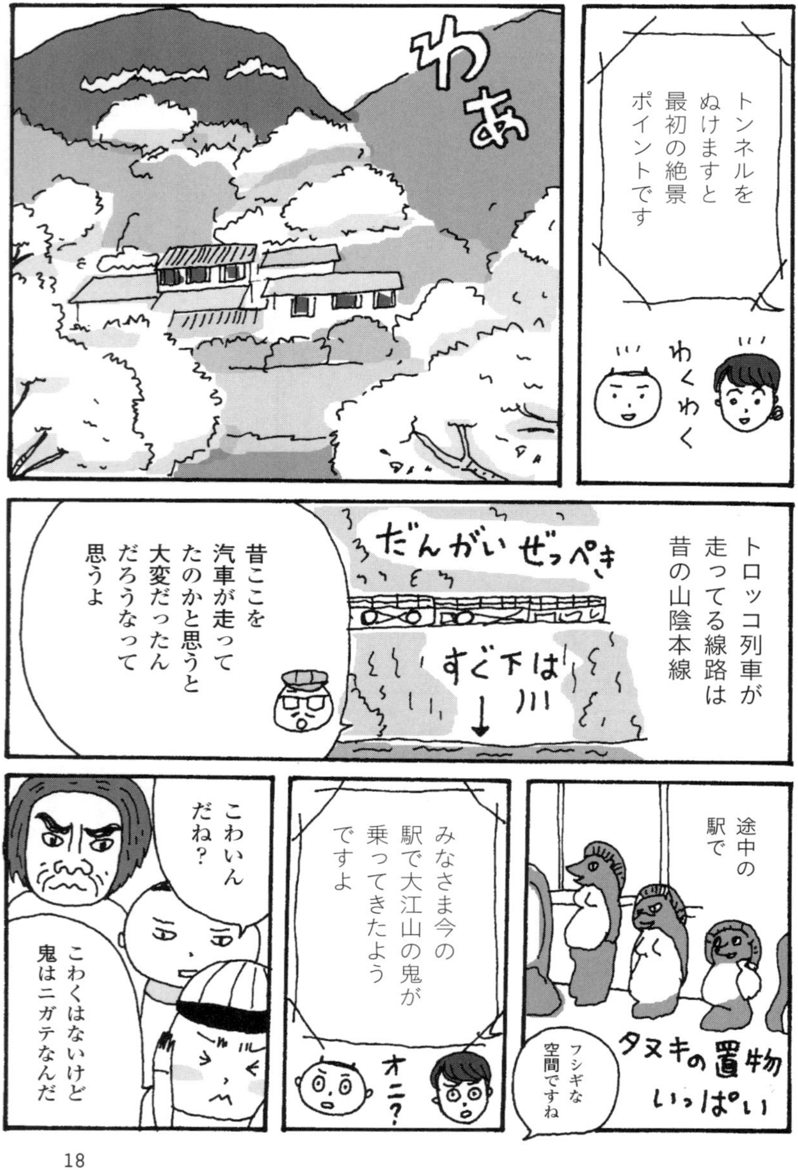

トンネルをぬけますと最初の絶景ポイントです
わくわく
わあ
トロッコ列車が走ってる線路は昔の山陰本線
だんがいぜっぺき
すぐ下は川
昔ここを汽車が走ってたのかと思うと大変だったろうなって思うよ
途中の駅で
タヌキの置物いっぱい
フシギな空間ですね
みなさま今の駅で大江山の鬼が乗ってきたようですよ
オニ?
こわいんだね?
こわくはないけど鬼はニガテなんだ

大江山…京都府丹後半島の付け根に位置する山。鬼伝説が残る

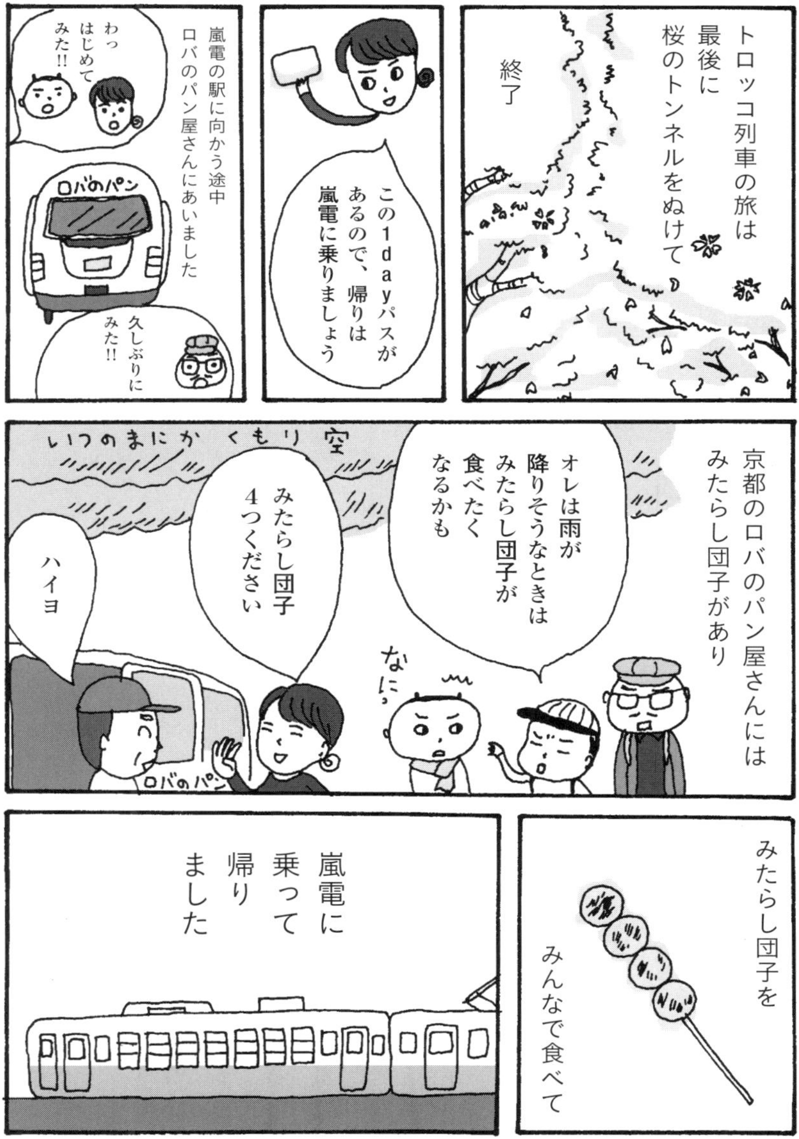

トロッコ列車の旅は
最後に
桜のトンネルをぬけて
終了
この1dayパスがあるので、帰りは嵐電に乗りましょう
嵐電の駅に向かう途中
ロバのパン屋さんにあいました
わっはじめてみた!!
ロバのパン
久しぶりにみた!!
京都のロバのパン屋さんには
みたらし団子があり
いつのまにか くもり空
オレは雨が降りそうなときはみたらし団子が食べたくなるかも
なにっ
みたらし団子4つください
ハイヨ
ロバのパン
みたらし団子を
みんなで食べて
嵐電に乗って帰りました

ロバのパン屋…移動パン屋。昭和のはじめはロバや馬に馬車をひかせていたそう

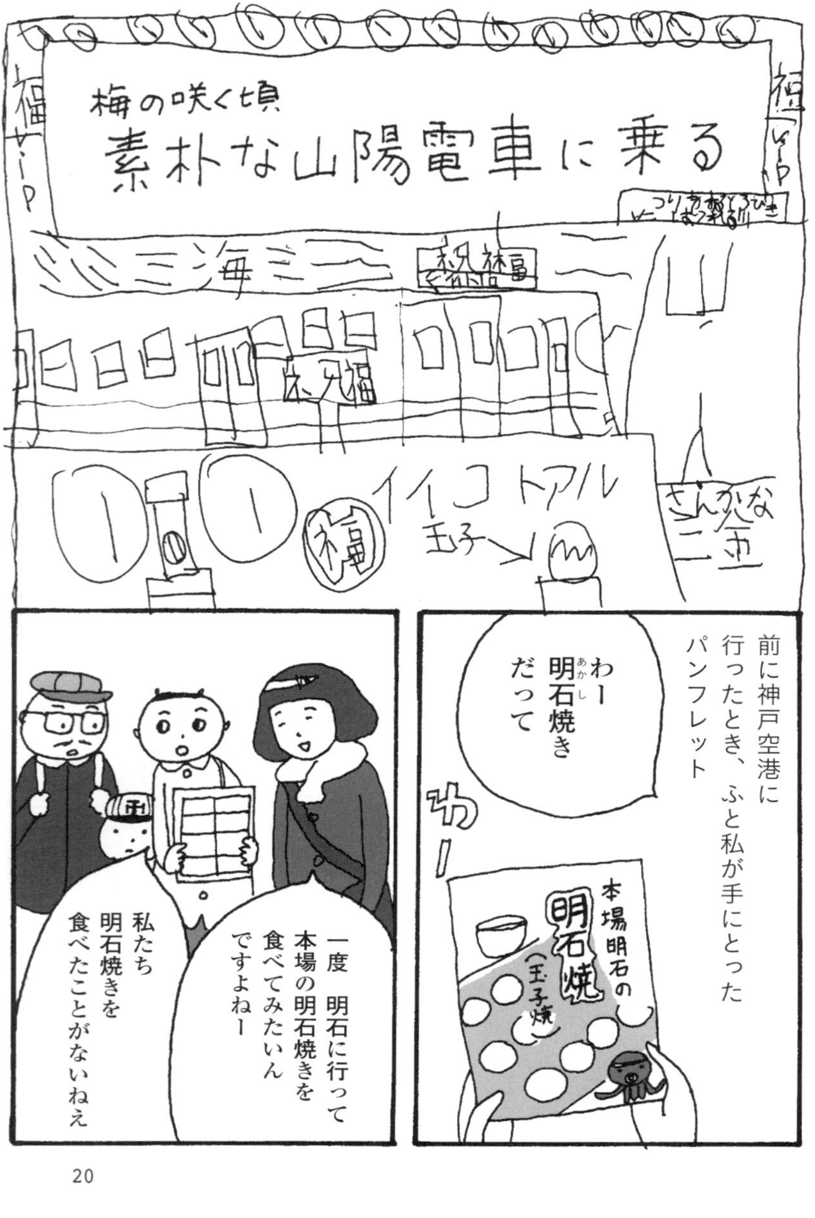
梅の咲く頃
素朴な山陽電車に乗る
海
イイコトアル
玉子
前に神戸空港に行ったとき、ふと私が手にとったパンフレット
わー 明石《あかし》焼きだって
わー
本場明石の
明石焼
(玉子焼)
一度 明石に行って本場の明石焼きを食べてみたいんですよねー
私たち明石焼きを食べたことがないねえ

それじゃあ 次は 山陽電車に 乗って明石に 行きましょうか
さんせーい!
ということで決まった 山陽電車の旅
参加した人
花粉症
ツレ
息子
てんてん
ミッキーさん
待ち合わせはなぜか 阪急神戸《こうべ》三宮《さんのみや》駅の 阪急のホーム
調べたら 1時間に 2本くらい ここから 山陽電車の 始発が出てるんだよ
阪急電車の ホームに 山陽電車が?
あっ ホントに 来たっ
3632
わー
山陽電車の 車両 素朴でいいね
ねっ

クリーム色の車体に、赤と黒のライン

電車の中も素朴な感じ
ですよねー
ミッキーさん オレの作ったすごろくやる?
えー やるやる どんなん?
じゃーん
メッチャ細かい
……
ゴール
オレの作った超ゴールできないすごろく
サイコロ
オレがこのサイコロを指でぐるぐるするからストップって言って
ハイ スタート
ストップ!!
2だ ミッキーさん 2すすむ
あのすごろくはゆうべ必死に描いてたよ
ミッキーさんと電車の中でやるためにか?

山陽電車にのんびり乗りながら
わぁ海だぁ
ホンマや
ちーと君海やで海!!
息子の作った超マイルールなすごろくにつきあわされるミッキーさん
オレには関係ない次はミッキーさんの番!!
しんけん
そんなこんなで明石に到着
えー思ってたより都会
どこに行けば明石焼きが食べられるのかな?
このマップを見てみましょう
ここに何かありそうですね
魚の棚
じゃ、ここ行ってみようか

駅で無料のマップがもらえました

わぁ
お店いっぱい
明石についたら花粉症よくなる
「魚の棚」とかいて「うおんたな」と読むそうです
明石名物 玉子焼
あ、明石焼きの店あったよ
明石では玉子焼とも呼びます
明石焼
あっ こっちも
ぱあああああ
明石名物 玉子焼
あ ここも
落ちつきましょう!!
ひととおりどんな店があるか見て決めましょう
ここもだ
明石焼

どこもうまそう
メッチャおなかすいたー
あーおいしそう
あっアーケード出ちゃった
どーする?
どーします?
ほんもの 明石焼
明石焼きゴリ
あそこにもお店ありますよ
あそこにしよっか
そーですね
アーケードの中にあまりにもたくさんの店があって選べず
ドキドキ
ドキ
わくわく
アーケードを出た所でやっと冷静になって決められた私たち
わーー来たーー
みつ葉のみじん切り
だし
ななめの板にのってる
オイシー
ふわふわ
とろける

この板の呼び方はナゾ

その後　魚の棚で
いろいろ買って
まねきたこ
ラテスカ
たこ天
おにぎり
たい飯
たこ飯
明石のり
玉子焼
きむらや
別の店の明石焼きをお持ち帰り用で
公園で食べる
うまー
うまー
うまー
明石焼きの味は店によってちがう
食べたから歩こう
子午線《しごせん》通過地を通りながら隣の駅に行ってみよう
隣の人丸前《ひとまるまえ》駅は子午線が通る駅
子午線の上に立ってるよ

日本の標準時の基になっている、東経１３５度の子午線が明石市の上を通っています

子午線の延長上には
明石市立天文科学館

反対側には
明石海峡大橋

空気がのんびりしてていいねー
全体的におだやかですよね
ボーっとしてられる
電車まだ来ないよっ

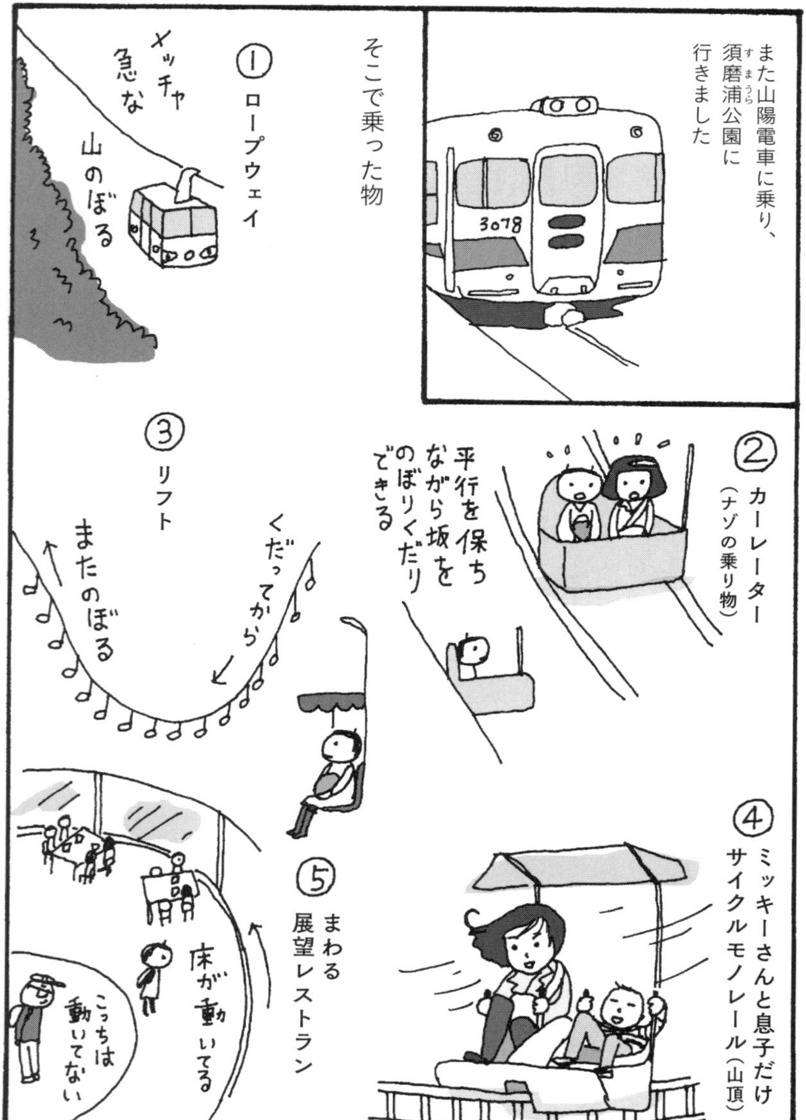
また山陽電車に乗り、須《す》磨《ま》浦《うら》公園に行きました
3078
そこで乗った物
①ロープウェイ
メッチャ急な
山のぼる
②カーレーター（ナゾの乗り物）
平行を保ちながら坂をのぼりくだりできる
③リフト
くだってから
またのぼる
④ミッキーさんと息子だけサイクルモノレール（山頂）
⑤まわる展望レストラン
床が動いてる
こっちは動いてない

展望台に行って
海風にあおられながら
あのうっすら見えるのが関西空港です
手前のが神戸空港ですっ
ビュウウウ
近いようで遠いね

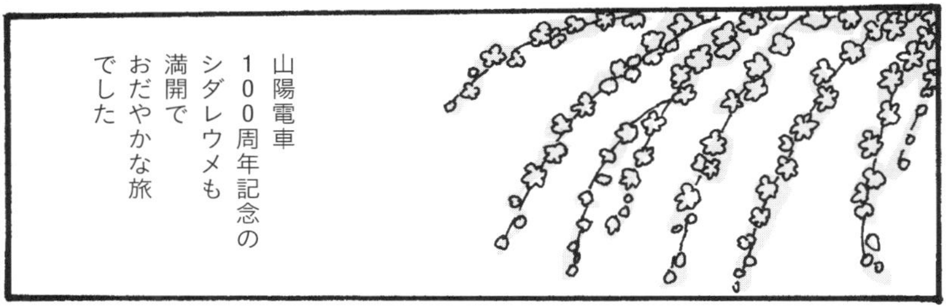
山陽電車
100周年記念のシダレウメも
満開で
おだやかな旅
でした

ツレコラム①

こうすると、より楽しい

こんにちは。ツレです。細川貂々のパートナーで、「ちーと君」の父親です。息子が電車大好き幼児だった頃のことは、かつて『親子テツ』という本にして出版しておりまして、この本はいわば、その続編のようなオモムキもございます。

かつて息子に教えられたのは、電車に乗っているときの「音の面白さ」でした。列車がレールの上を走る「タタン・タターン」という音、電気モーターが加速するときのインバータ音。各駅での発着音、社内アナウンスや注意を惹くためのジングル音。車掌ボイスと呼ばれる、独特な鼻に抜くしゃべり方。その他いろいろ。もちろんドアの開け閉めの音や、停止のためのブレーキ音が聴こえるのと同時に「まもなく」と到着を知らせるアナウンスが入るなどの絶妙な間とかも。息子はぜんぶ自分の口で真似をして教えてくれた。

こういうこだわりを総称して「音テツ」というそうです。大人のコレクターの中にはいろいろ録音して「こだわりの音」を集めている人もいるらしい。

で、そういう切り口で広げていくと、見知らぬ土地に行くということは鉄道に限らず、「新鮮な音」に出会えるチャンスだったりもするよね。地元の人が当たり前に思っている方言や鐘や防災行政無線の音などが、新鮮で魅力的なストレンジサウンドとして聴こえてくる。だから、音楽好きの僕ですが、旅行のときはなるべくヘッドフォンで音楽を聴いたりしながら移動するのはやめようと思っております。

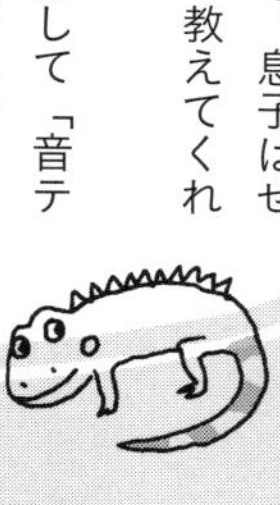

縁起もの タヌキと出会える
信楽高原鐵道

息子が使ってるワニの食器
ツレがデパートの催事《さいじ》で気に入って買ったものです

その器を作った作家さんが
ここにお店があるので今度来てください
と地図をくれました

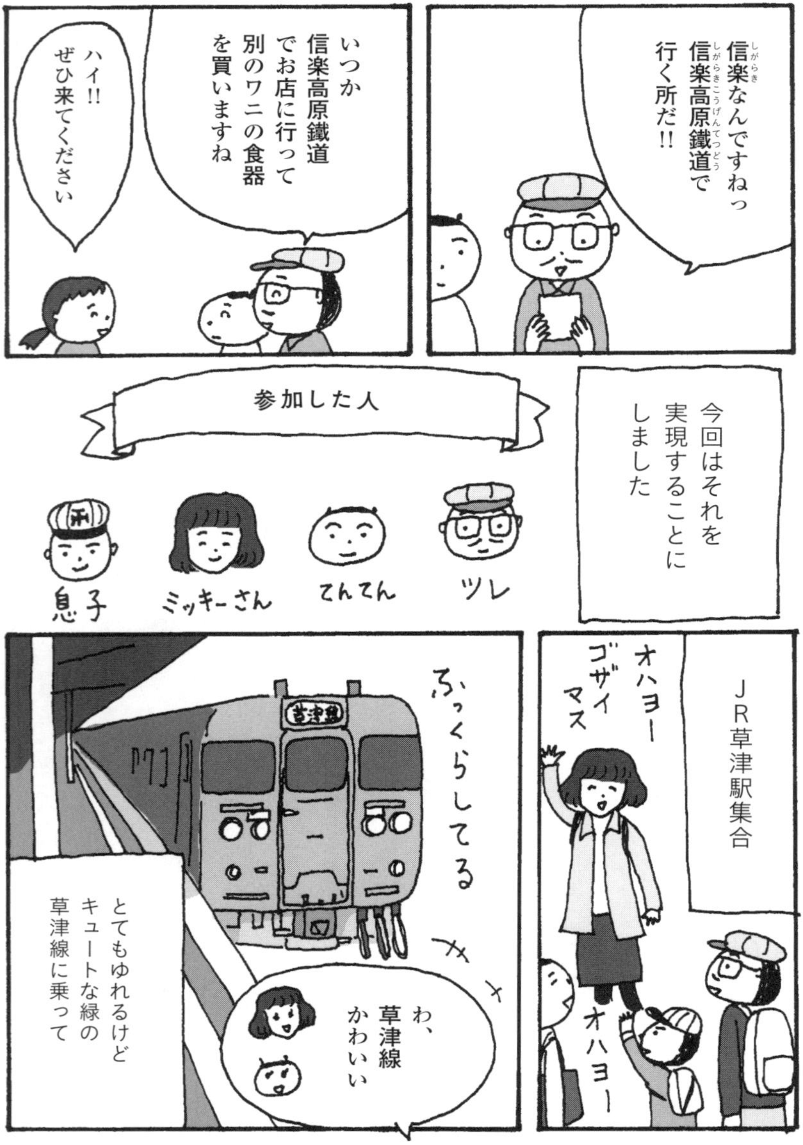
信楽《しがらき》なんですねっ
信楽高原鐵道《しがらきこうげんてつどう》で行く所だ!!
いつか信楽高原鐵道でお店に行って別のワニの食器を買いますね
ハイ!! ぜひ来てください
今回はそれを実現することにしました
参加した人
ツレ
てんてん
ミッキーさん
息子
JR草津駅集合
オハヨーゴザイマス
オハヨー
ふっくらしてる
草津線
わ、草津線かわいい
とてもゆれるけどキュートな緑の草津線に乗って

貴生川《きぶかわ》駅で下車
JR 貴生川
きぶかわ kibukawa
こうなん みくも
ここで信楽高原鐵道に乗りかえるんだね
ハハ!! 反対側見て!!
きぶかわ
貴生川
KIBUKAWA
しがらきぐうし
あっ
ひとつのホームに別々の会社が乗り入れてるんだ
貴生川
信楽高原鐵道 貴生川駅ホーム
なにコレ
ハハー ホームに自動改札があるよ
JR 貴生川駅のホーム
ホームのまん中に自動改札機
入場用
信楽高原鐵道はICカードが使えないので
ちーと君ここで「ピッ」して
ピヨピヨ
この自動改札機で乗りかえがスムーズにできる

前後どちらからでも乗れました

あ・カワイイ
やっぱりタヌキのキャラなんだね
忍者もいるよ
信楽は甲賀市だから甲賀忍者だよ
次は紫香楽宮跡
6 400
5
4
3
2
1
それより見てください初乗り400円ですよ
あっホントだ!!
止まる駅は5駅
貴生川
紫香楽宮跡
雲井
勅旨
玉桂寺前
信楽
1駅ごとに50円ふえていくとすれば最終的に650円?
だとしたら高いねえ
ねえ
ドギドギドギ
発車した
ずっと坂をのぼってる
ゔぃーん
まわりの景色は山
山だね
山だ
ずっと山ですね

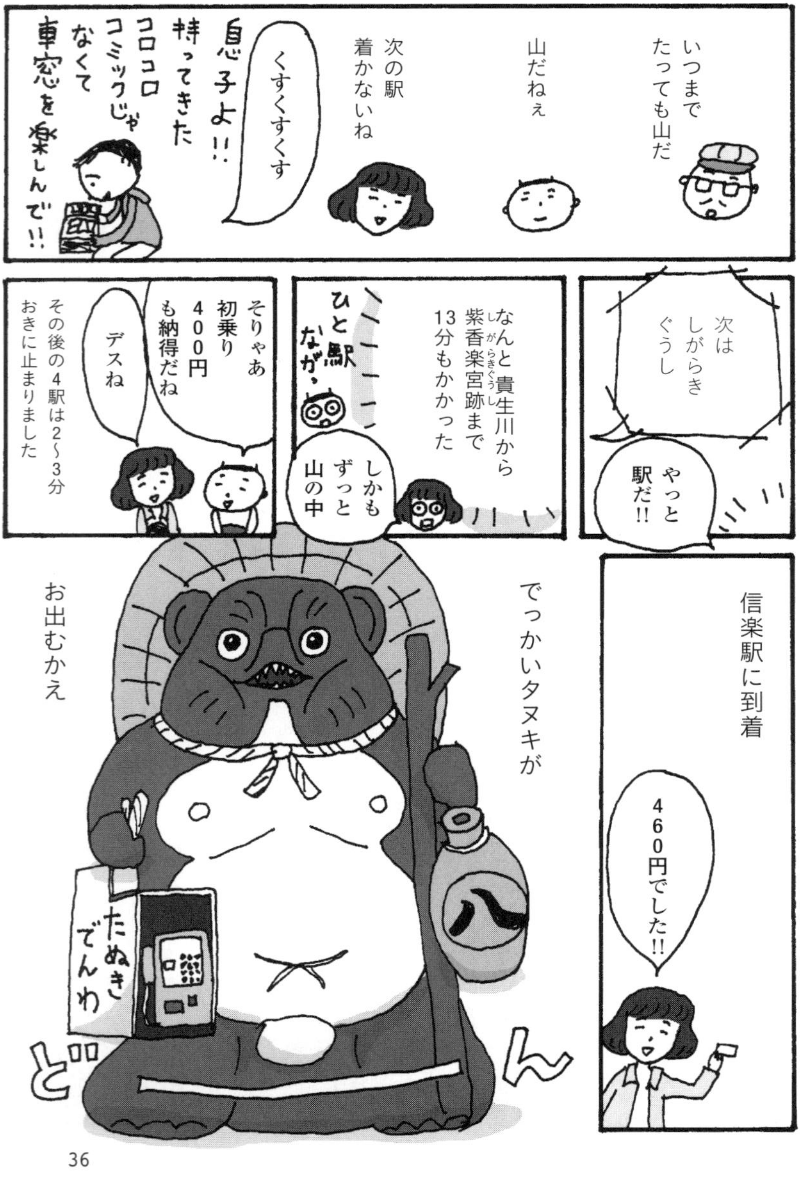
いつまでたっても山だ
山だねぇ
次の駅着かないね
くすくすくす
息子よ!! 持ってきたコロコロコミックじゃなくて車窓を楽しんで!!
次はしがらきぐうし
やっと駅だ!!
なんと貴生川から紫香楽宮跡《しがらきぐうし》まで13分もかかった
しかもずっと山の中
ひと駅ながっ
そりゃあ初乗り400円も納得だね
デスね
その後の4駅は2~3分おきに止まりました
信楽駅に到着
460円でした!!
でっかいタヌキが
お出むかえ
たぬきでんわ
どん

街を歩けば
うわ見てタヌキ!!
わー
こっちもタヌキ
タヌキだらけ
お腹へったー
陶器屋さんばっかりで食べ物屋さんがないですね
どーしよー
こまった
あの店ってどうなの？
「うどん」って書いてある
コタニ陶器
さぬきうどん
うどん
でもタヌキばっかり

駅から歩いて7分ほど

亀楽屋《きらくや》といううどん屋さんでした

陶器屋さんがやってるうどん屋さんでした
ボク近江牛丼と小うどんのセット
私もそれにします
オレは近江牛かまたま
私カレーうどん
フツーサイズ
小うどん
デカッ!!
近江牛丼
でもおいしいからペロッと食べちゃいました
フー
ごちそうさま
ふたりとも満足そうだ
お腹いっぱいになったから歩こう
オレはもう帰りたい
←ムシ
歩こう歩こう
向こうに窯元散策路《かまもとさんさくろ》があるそうですよ
のんびりしてるね
静かですねー
ズルズル

日本シリーズじゃロッテに負けちゃって……

これだけタヌキがあるとひとつくらい欲しくなりますね
うん欲しくなる
ミッキーさんどれが欲しい？
そうですね私は
あれかな
えっうそ私も買うならあれだと思った
こんなにたくさんのタヌキの中で私たちが選んだのは同じ物でした
でも大きすぎて持って帰れないですよね
この半分の大きさだったらよかったよねぇ
ちなみにツレが行きたいと思ってた店はネットで調べたら２０１４年に閉店してました
孝行したいときに親は無しって気分だ
ガッカリ
それちょっとちがう気がする
でもいろんなタヌキが見られて面白かったね
帰るぞっ

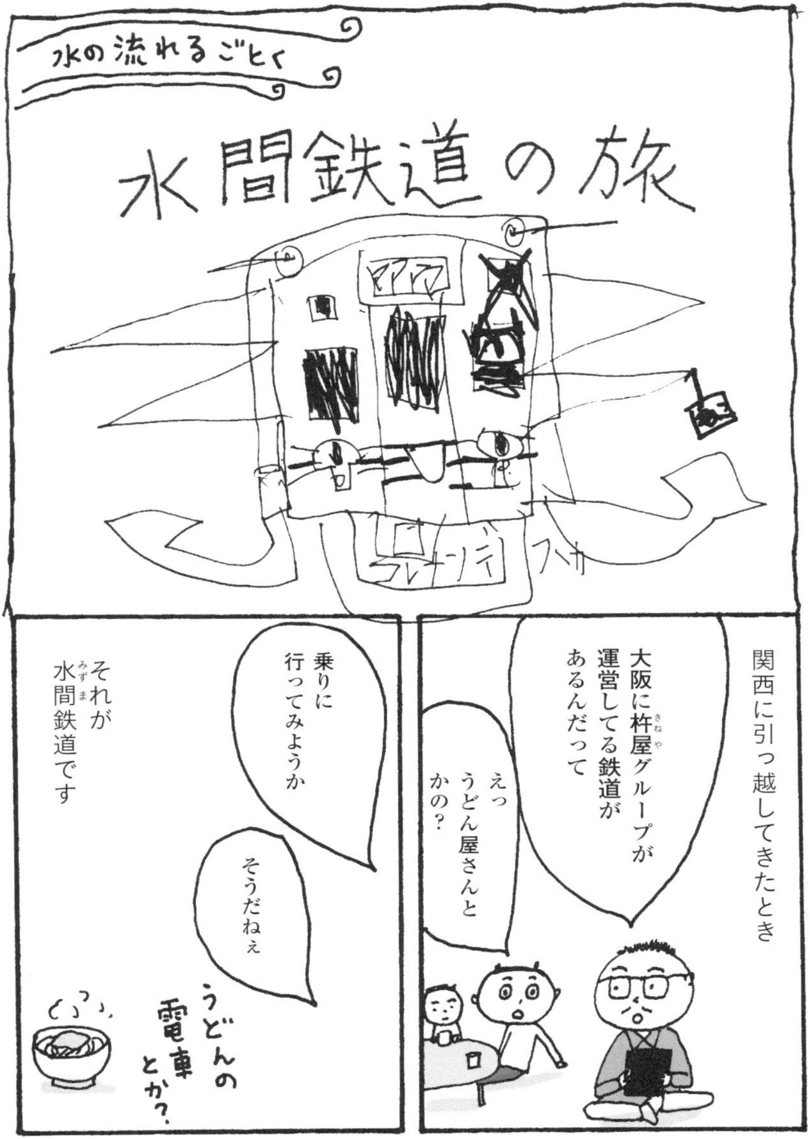
水の流れるごとく
水間鉄道の旅
関西に引っ越してきたとき
大阪に杵屋《きねや》グループが運営してる鉄道があるんだって
えっ うどん屋さんとかの？
乗りに行ってみようか
そうだねぇ
うどんの電車とか？
それが水間《みずま》鉄道です

水間鉄道は水間観音の参詣《さんけい》に行くために作られた鉄道だそうです
うどんは関係ありません
でも前回行ったときは雨で……
水間観音までたどり着けなかったんですよ
じゃあ行ってみましょうか
なるほど
参加した人
2回目
ツレ
息子
てんてん
はじめて
ミッキーさん
改めて調べたら水間鉄道はこんな感じ
大阪の南・貝塚市の海と山をつないでる
山
海
南海本線
貝塚
貝塚
水間観音

大阪で生まれて大阪で育ってますけど貝塚はじめてです
かいづか
KAIZUKA
うんうん
わかるそういう場所って絶対あるよね
じゃあきっぷ買ってきますね
きっぷ売場
えーと水間観音まで大人3枚
じゃらんじゃらん
あっ
1枚ずつしか買えないんですね
じゃらんじゃらん
運賃箱は両替方式です
バスと同じ運賃箱ですよ
ホントだっ
まもなく1番線に電車が参ります
えっ1番てどっち？
えーとこっちみたいです

2017年4月からこの制服のアテンダントさんではなくなったそう……

あ、来た来た
すっ
おじぎしてる
バスガール風お姉さんがお出むかえしてくれるんだね
よし 1両目に乗ろう
えっ なんで?
始発と終点以外 無人駅で 2つ目のドアまでしか 開かないんだよ
電車の中も バスちっく
小銭をご用意ください
見てください せんぷうき
あっ
かっこいいマイク
それでは 発車します

あのキャラクター気になりますね
何の動物だろ?
シカ?
ネズミじゃない?
おりぐち
降車口
水間観音行
しっかりココが降り口ってかいてあるね
ホンマや
貝塚市役所前
ガラッ
降車口
シュッ
ドアの開け閉めめっちゃ早い……
うん早かった
たまには降りそこなう人もいるのかな?
車内アナウンスを聞き逃す人もいますもんね
かなわんなー知らんもんなー
これ知らんかったら降りれんちゅうことやろ

うしろの車両から
ブツブツ言いながら
来るお客さん
降車口
しゃーないな
そやな
やっぱり
いた!!
そんなこんなで
水間観音駅に到着
みんなで乗って
守ろう5・5キロ
水間鉄道って
5・5キロしか
ないんだね
水間観音駅
（水間駅）
駅舎は
「近畿の駅百選」
にも選ばれている
立派な駅
水間驛
水間観音駅
ツバメが
巣を
つくってた
中から見た
天井の
窓もステキ

車に気を
つけながら
歩くこと
10分

水間寺のまわりは、あまり食事処はなさそうでした

貝塚の駅前で喫茶店に入る
私たち本日のランチ
エビフライ
ハンバーグ
コロッケ
オレはハンバーグカレー
ハンバーグカレー
ビーフシチューとピラフセット
ピラフ
ビーフシチュー
お腹がいっぱいになった息子はとつぜん
ミッキーさんミッキーさん
安心してください
はいてますよ
あーそれ知ってる
とにかく明るい安村でしょ？
ミッキーさん知ってるの？
今、学校ではやってるらしくて
え
全く知らない
パンツはいてないようなポーズしてそのセリフを言う芸人さんがいるんですよ
へー

お値打ちなのにボリュームばつぐん！

もうひとつ私たちの知りたかったことが解決
へー
あといっこ
前回来たとき買いそびれた物があるんです
どこに店があるのかわからなくて
たこぼうずもなか
たこぼうずもなか
中はあんこがぎっしり
出世や子宝の
縁起物らしい
カワイイ
流れに身をまかせていろんなことが解決した水間鉄道の旅でした
ごめん最後にいっこ
このキャラクターは
これと同じ?
ぽん太
葛城

「林宝泉堂」という和菓子屋さんのものです

右は初代葛城ぽん太だそう!

沿線の おすすめ情報

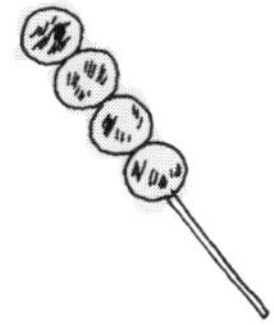

本文掲載以外にも、
楽しいところがいっぱい！
おすすめ情報をまとめました。
（文・編集部）

嵯峨野トロッコ列車のおすすめ

トロッコ列車各駅（4駅）

「トロッコ嵯峨駅」にある「19世紀ホール」には、整備された本物のSLが展示されています。「D51」「C56」「C58」といったSLや、蒸気機関車「若鷹《わかたか》号」も。また、駅には「ジオラマ京都JAPAN」という、日本最大級の鉄道ジオラマもあります。「トロッコ嵐山駅」は、テレビのロケ地などとしても有名な竹林の小径《こみち》が近く、「天龍寺」は桜の名所としても知られています。

「トロッコ保津峡駅」は近畿の駅百選の選定駅で、保津川にかかるつり橋があります。本文中にもあるとおり、駅のホームでは19匹のタヌキの置物がお出むかえ。終点、「トロッコ亀岡駅」は保津川下りへのアクセスも便利。保津川でのラフティング体験、観光馬車による散策やレンタサイクルでの観光も楽しめる拠点です。

山陽電車のおすすめ

梅の名所

本文にも登場する「須磨浦山上遊園」は、梅林越しに明石海峡大橋や淡路島を望むことができ、梅の季節も楽しめる場所です。「山陽網干《あぼし》駅」からバスに乗ったところにある「綾部山梅林」も見所。綾部山丘陵に位置する、広さ約24ヘクタールの西日本随一の梅林です。紅、白、ピンクの梅の花は、春の訪れを感じさせます。

　綾部山梅林に隣接した「御津自然観察公園」の中にある、「世界の梅公園」には、日本・中国・台湾・韓国など世界の梅が約315品種も植栽されています。新舞子海岸も近いので、海と梅を楽しみながらのウォーキングも。

信楽高原鐵道のおすすめ

鶏鳴の滝

「鶏鳴《けいめい》の滝」は大小あわせた八つの滝（神有《かみあり》、岩しだれ、白布、白蛇、白神、垂尾《しだりお》、初音、鶏鳴）からなる滝です。鶏が鳴き、幸運を呼ぶと言われています。滝の前には信楽のタヌキの置物も。マイナスイオンも浴びられていい気持ちです。お弁当を持って、みんなでピクニックも楽しい。

水間鉄道のおすすめ

ゆっくり楽しむお花見

水間鉄道「水間観音駅」から、ウォーキングをしながら気軽に桜を楽しむことができます。駅から5分ほど歩いたところにある「善兵衛ランド」は、府下最大の規模を誇る望遠鏡を備えた天文台。敷地周辺に桜が点在している、隠れスポットです。貝塚中央線から1本中に入ったところには、桜並木の小道やトンネルもあり、ゆったり散策ができます。

　また、「水間公園」は桜の名所として人気のある市民憩《いこ》いの場。秋にはコスモスが1万株咲き誇ります。芝生広場でのピクニックもおすすめです。

夏の巻

初夏の巻

忍者列車でニンニン

上
伊賀
2010

2018年3月17日から、「桑町」と「猪田道」のあいだに「四十九《しじゅく》」という駅ができました

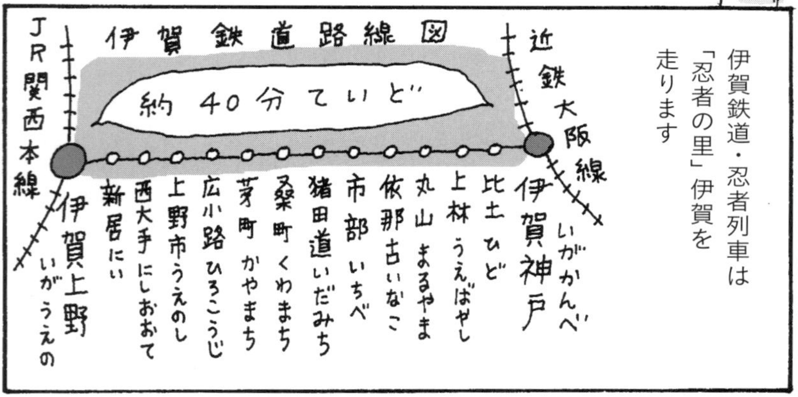

伊賀鉄道路線図
JR関西本線
近鉄大阪線
約40分ていど
伊賀上野 いがうえの
新居 にい
西大手 にしおおて
上野市 うえのし
広小路 ひろこうじ
茅町 かやまち
桑町 くわまち
猪田道 いだみち
市部 いちべ
依那古 いなこ
丸山 まるやま
上林 うえばやし
比土 ひど
伊賀神戸 いがかんべ

伊賀鉄道・忍者列車は「忍者の里」伊賀を走ります

参加した人
ツレ
息子
2回目乗る
てんてん
ミッキーさん
はじめて乗る
髪型を変えた

大阪難波《なんば》駅で待ち合わせ
わーゴールデンウィークで人がたくさん
特急券うりば
あわあわ
早く並んで特急券買わなきゃ!!
近鉄特急で名張《なばり》まで急行に乗りかえて伊賀神戸《いがかんべ》へ
今回の旅の友本はコレ
忍者ダイエット
なるほどダイエットは忍者生活をすればできるのか
しりとりやるー?
まもなくいがかんべー
やりたいけどもうすぐ着くよー
伊賀神戸に到着
あれが忍者列車?
えっ
伊賀鉄道のマスコットキャラクター「ふくにん」の電車でした
フクロウのニンジャだそうです

近鉄の特急券はインターネットでも購入可能

せっかくだから これには乗らず 次の電車を 待ちましょう!!
ぴゅーー
しかしこの次は ちゃんと忍者 列車が来るか どうか聞いて きます!!
予定通りなら 緑の忍者列車が 来るそうですっ
緑!!
ボクら ピンクと青 しか乗った ことないな
うん
はっ
ちょっと 見てください!!
伊賀神戸
いがかんべ
こんなところに 赤忍者…… (の人形)
いがかんべ

忍者列車の運行時刻表は、伊賀鉄道のホームページでもチェックできます

しばらくすると
カンカンカン
あ、電車来るみたい
カン カン カン
カン カン カン
カン カン カン
緑のくノ一忍者列車見参!!
忍者列車の絵は松本零士先生←
さあ私にお乗りなさい
※伊賀鉄道の5編成中
3編成が忍者列車（青、ピンク、緑）
電車の中にも
あっ
広告も忍者←
やっぱり忍《しの》んでる
（人形）

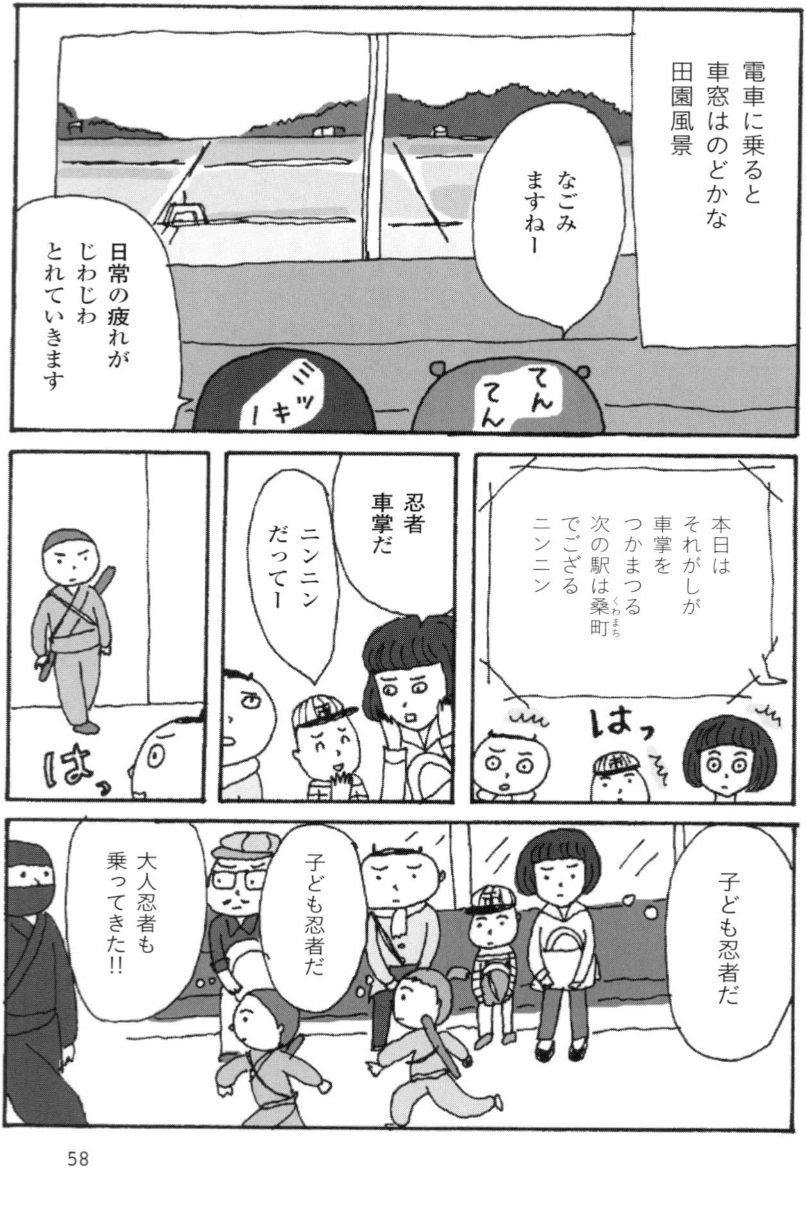
電車に乗ると車窓はのどかな田園風景
なごみますねー
日常の疲れがじわじわとれていきます
てんてん
ミッキー
本日はそれがしが車掌をつかまつる次の駅は桑町《くわまち》でござるニンニン
はっ
忍者車掌だ
ニンニンだってー
はっ
子ども忍者だ
子ども忍者だ
大人忍者も乗ってきた!!

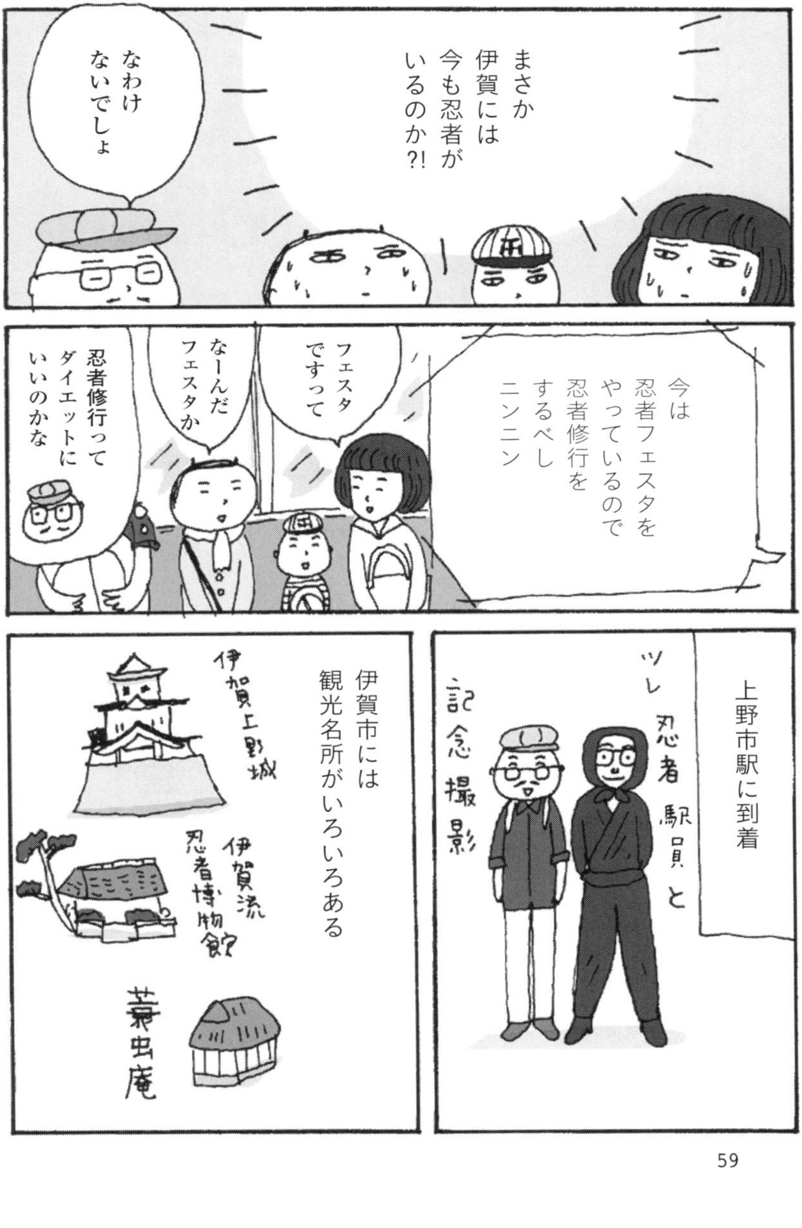
まさか伊賀には今も忍者がいるのか?!
なわけないでしょ
今は忍者フェスタをやっているので忍者修行をするべしニンニン
フェスタですって
なーんだフェスタか
忍者修行ってダイエットにいいのかな
上野市駅に到着
ツレ 忍者駅員と 記念撮影
伊賀市には観光名所がいろいろある
伊賀上野城
伊賀流忍者博物館
蓑虫庵

忍者フェスタは、毎年春におこなわれる伊賀上野のイベント。期間中は高校生が放送をおこなうこともあるそう

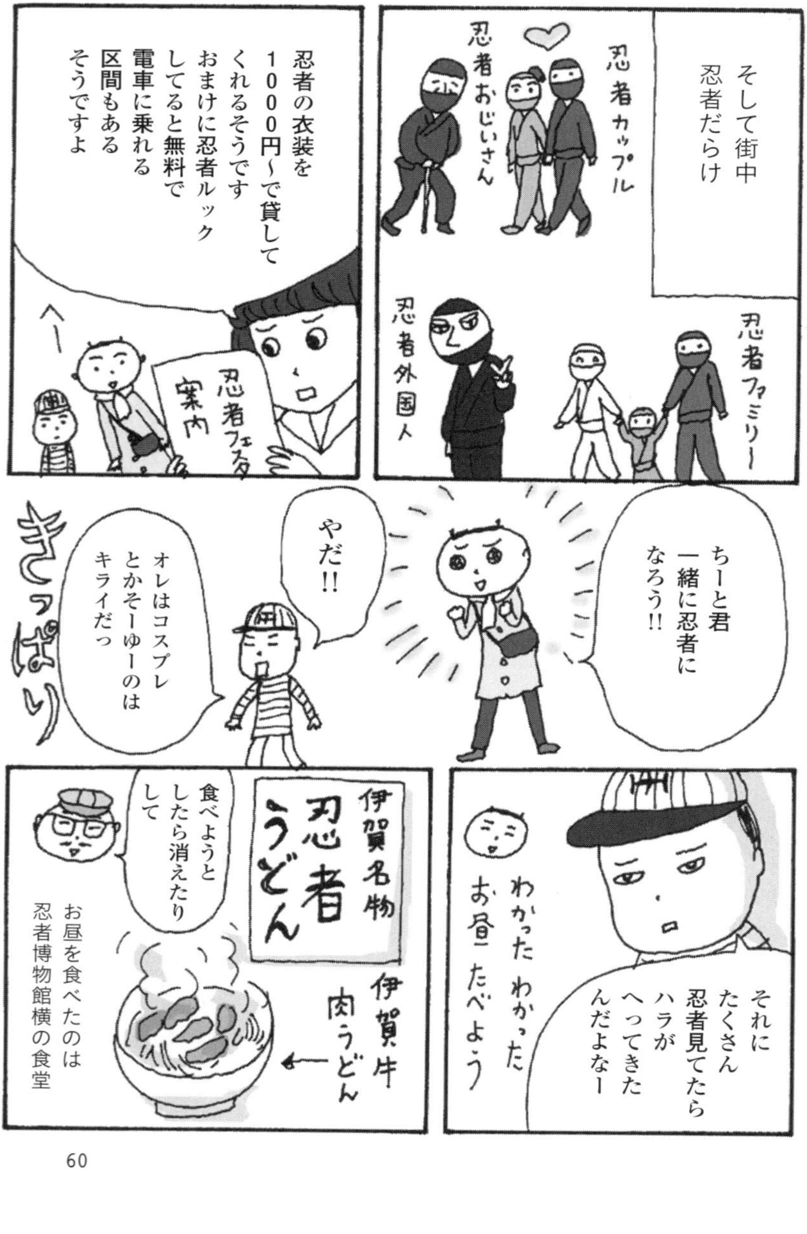
そして街中
忍者だらけ
忍者カップル
忍者おじいさん
忍者ファミリー〜
忍者外国人
忍者の衣装を1000円〜で貸してくれるそうです
おまけに忍者ルックしてると無料で電車に乗れる区間もあるそうですよ
忍者フェスタ案内
へ〜
ちーと君一緒に忍者になろう!!
やだ!!
オレはコスプレとかそーゆーのはキライだっ
きっぱり
それにたくさん忍者見てたらハラがへってきたんだよなー
わかったわかったお昼たべよう
伊賀名物
忍者うどん
食べようとしたら消えたりして
伊賀牛肉うどん
お昼を食べたのは忍者博物館横の食堂

あっ
あっ
あっ
あっ
あっ
あっ
めっちゃ熱かったが
おいしいので夢中
で食べた
それじゃ次は
忍者屋敷を
見ましょう!!
オレはもういい
電車乗りたい
↑きっぷ
どんでん
返し
ですっ
くるっ
バタン
刀隠し
です!
バタン
さっ
忍者というのは
基本的に
戦いません
あとを残さず
逃げる
それが忍者です

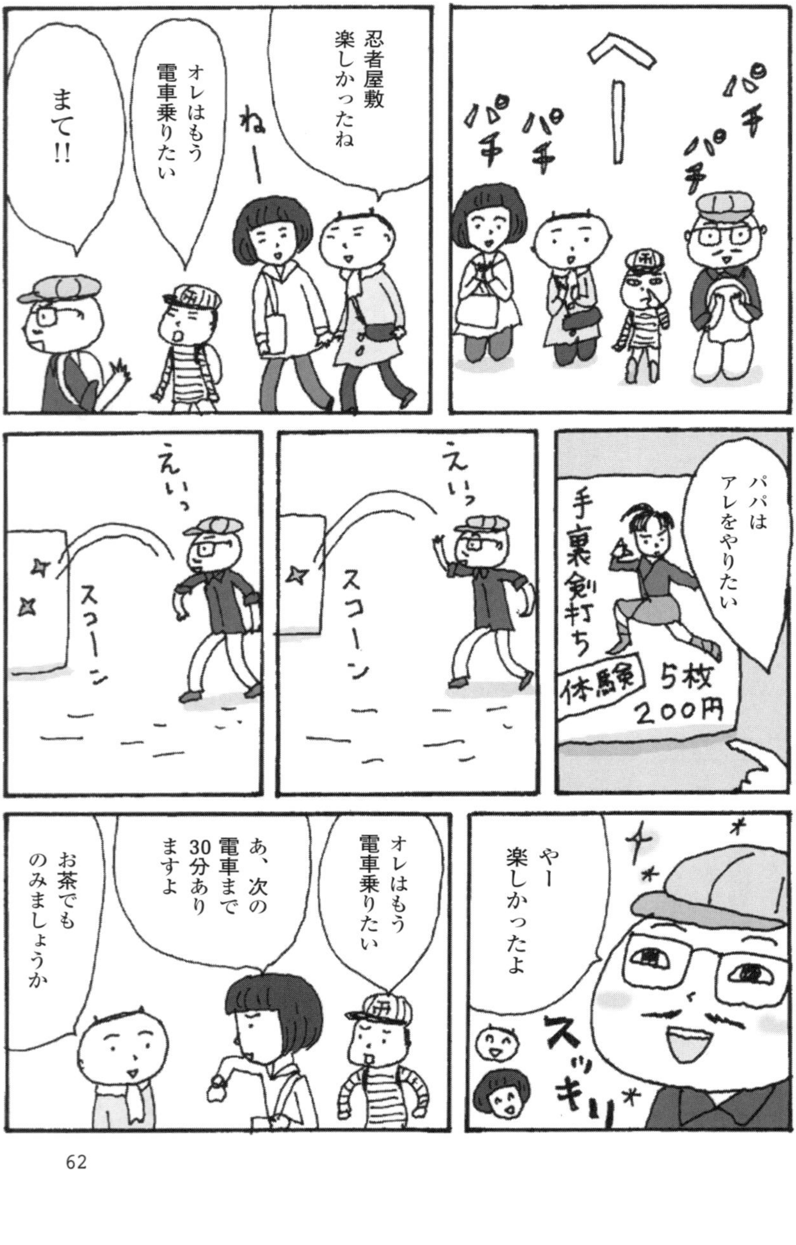
パチ
パチ
パチ
パチ
へー
忍者屋敷
楽しかったね
ねー
オレはもう
電車乗りたい
まて!!
パパは
アレをやりたい
手裏剣打ち
体験
5枚
200円
えいっ
スコーーン
えいっ
スコーーン
やー
楽しかったよ
スッキリ
オレはもう
電車乗りたい
あ、次の
電車まで
30分あり
ますよ
お茶でも
のみましょうか

オレはもう電車乗りたい
伊賀名物でんがくだんご
あ、ちーと君おだんごあるよ
オレはだんごならくってもいい
でんがくだんご
みそだれ
おいしいねえ
帰りは青忍者列車でした
車体の横ににらむ目
忍者づくしでおもしろかったね
次は甲賀の忍者屋敷に行ってみたいなー
ねー
スヤスヤ

梅雨の巻

願かけ阪堺電車

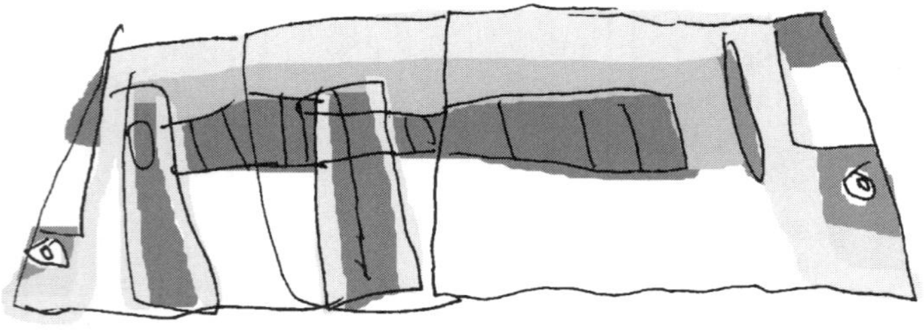

参加した人
てんてん
ミッキーさん
息子
ツレ
みんな何度も乗ってる

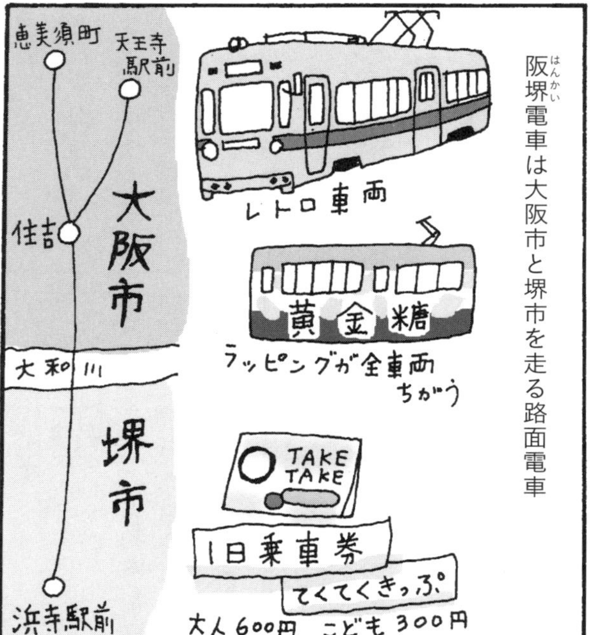
阪堺《はんかい》電車は大阪市と堺市を走る路面電車
恵美須町
天王寺駅前
住吉
大阪市
大和川
堺市
浜寺駅前
レトロ車両
黄金糖
ラッピングが全車両ちがう
TAKE TAKE
1日乗車券
てくてくきっぷ
大人600円 こども300円

天王寺駅で待ち合わせ
行きましょー
堺トラム
最新型の車両がくる
えっ何この近代的なの!!
レトロな感じじゃない!!
はじめて見た
阪堺電車のみどころ
路面電車になるところと専用線路を交互にくりかえすよ
真横を車が走ってる
近い…
うしろを車が走ってる
フシギ
時々自転車にぬかされる
ジョギングしてる人
ゆるくていいなぁ

住吉《すみよし》鳥居《とりい》前《まえ》で下車
住吉大社の名物はこのたいこ橋です
おー
この橋、初もうでのとき超満員になって渡るのがコワイんです
ぎゅう
ぎゅう
こどもみくじ 200円
おみくじ 200円
あ、おみくじがありますね
みんなで引きましょうか
カシャカシャ
カシャカシャ
カシャカシャ
カシャカシャ

うっそ
みんな
小吉!?
小吉
小吉
小吉
こどもみくじ
小吉
ちゃんと凶も
大凶もあるよ
凶
みんなの心が
ひとつという
ことですね
お参りして
良い仕事が
できますように
・・・・
・・・・
住吉大社
名物の
招福猫を
買って
右手を上げてるのは
商売繁盛
はっ
気がつくと
息子が
いない
アレッ
ちーと君は?
たいこ橋の頂上で
遠くに見える
南海線を見てました

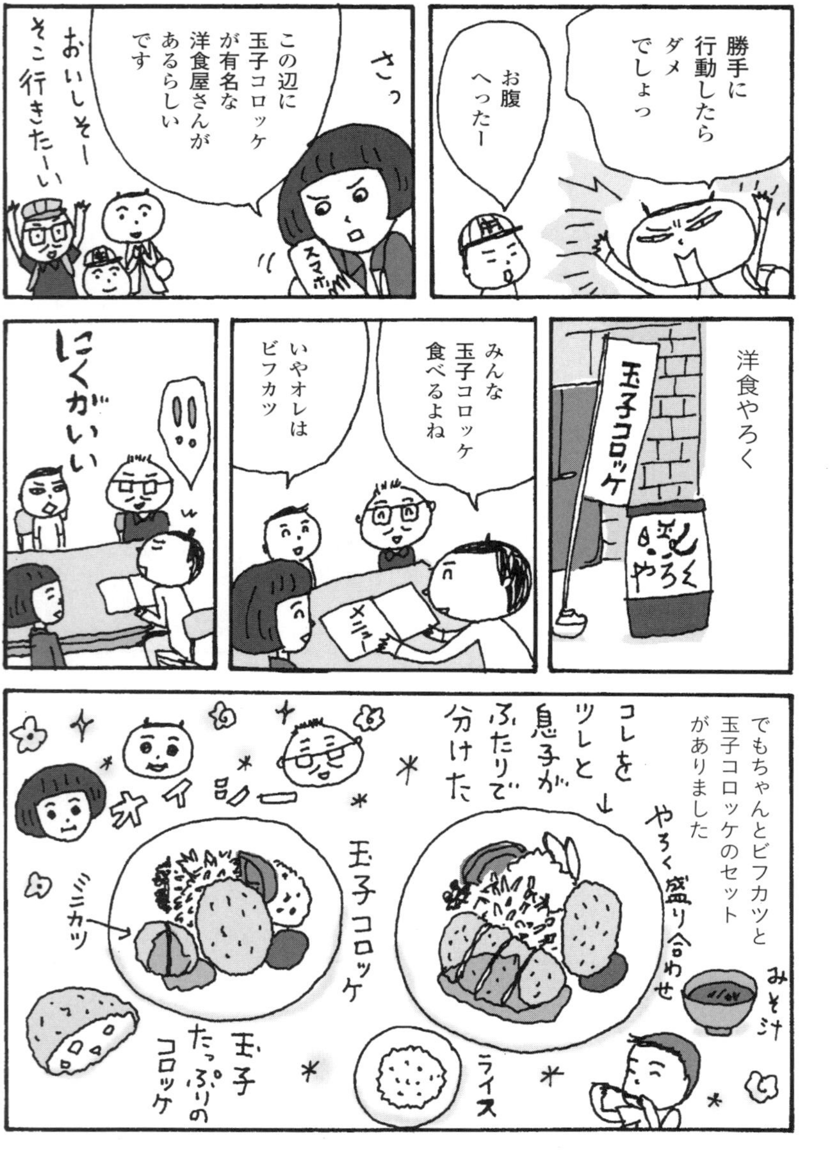

勝手に行動したらダメでしょっ
お腹へったー
さっ
この辺に玉子コロッケが有名な洋食屋さんがあるらしいです
おいしそー
そこ行きたーい
洋食やろく
玉子コロッケ
やろく
みんな玉子コロッケ食べるよね
いやオレはビフカツ
メニュー
にくがいい
でもちゃんとビフカツと玉子コロッケのセットがありました
コレをツレと息子がふたりで分けた
やろく盛り合わせ
玉子コロッケ
ミニカツ
オイシーー
みそ汁
ライス
玉子たっぷりのコロッケ

おやつも食べたいな
よし!! おやつも食べにいこう
再び阪堺電車に乗って
ずっとずっと食べてみたかったんです
いつかいつかと思っててやっと今日食べられるかと思うとうれしくて!!
おやつについてアツく語る
寺《てら》地《じ》町《ちょう》で下車
かん袋《ぶくろ》
かん袋
わっなんかみんなあのお店にむかってるよ
メニューは
くるみ餅
氷くるみ餅
の2種類
くるみ餅に削った氷がかかってる
が〜ーん
アイスがないっ
はっ
ちーと君が固まってる
……

青大豆で作られた餡で「くるんだ」餅だから「くるみ餅」

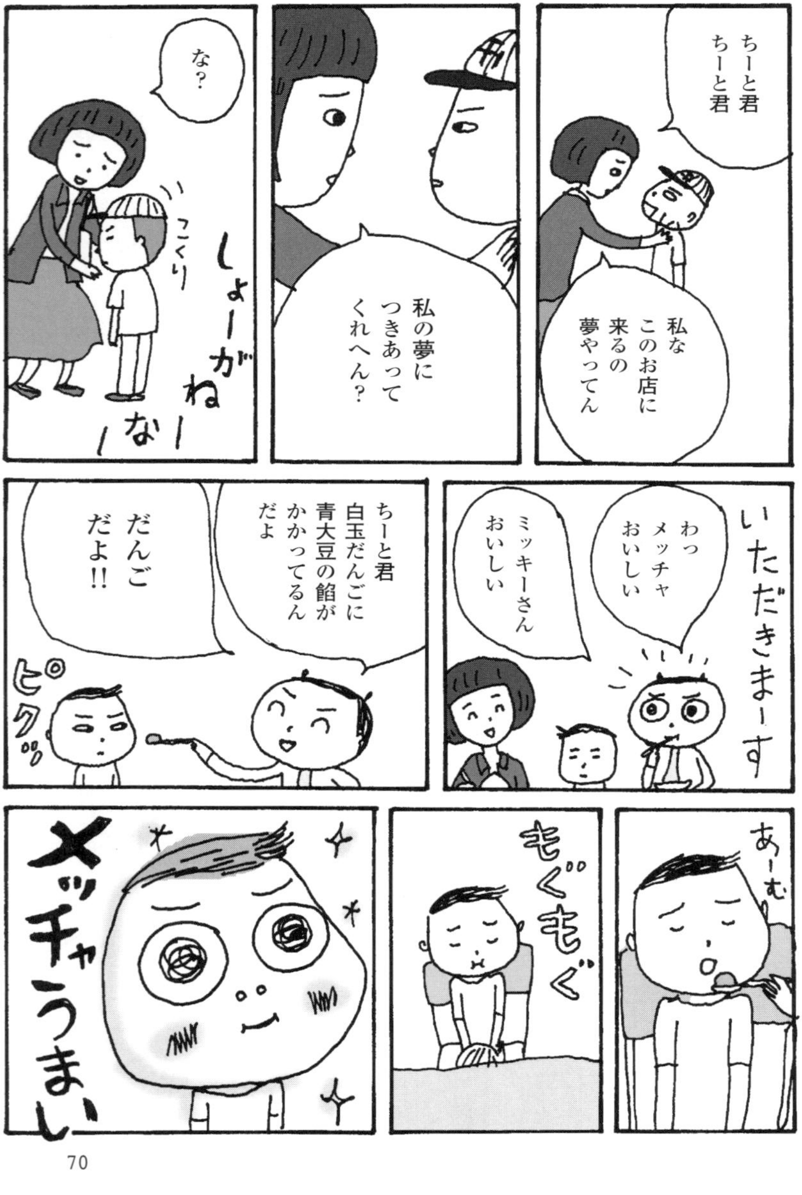
ちーと君
ちーと君
私な
このお店に
来るの
夢やってん
私の夢に
つきあって
くれへん？
な？
こくり
しょーがねーなー
いただきまーす
わっ
メッチャ
おいしい
ミッキーさん
おいしい
ちーと君
白玉だんごに
青大豆の餡が
かかってるん
だよ
だんご
だよ!!
ピクッ
あーむ
もぐもぐ
メッチャうまい

再び
阪堺電車に
乗って

恵美須町で
下車

見て 展望台まで40分待ちだって
まさかそんなに並ぶはずないですよ行ってみましょう
40分待ち
2階のフロアをぐるっと行列ができていて
入口
展望台行きエレベーター
おみやげ売場
ホンマやった
が〜ん
展望台エレベーターにたどり着くまで40分かかるのでした
待ってる間にいろんなトラップが
あーハハっ妖怪ウォッチメダルのガシャポンがある!!
1回だけゆるそうやりなさい
100
オレこれやってみたい
これはあかん!!ちーと君つかれてるんとちゃう？
くねくねお金が落ちるさいせん箱
たくさんお金を使いなさいシステムがあるねぇ
油断してたら思うツボですよ!!
やっと展望台に着くと
オレもう降りる
待ってる間で満足した
はぁ？

ちょっと待て
ビリケンさんの
足の裏を
さわらなきゃ
ダメ!!
私は著書
『ツレがうつになりまして。』
を出版したときにここの
ビリケンさんにヒット祈願を
したのだ
あのときは大変
お世話になりました
おかげさまで
ヒットしました
またよろしく
お願いします
あっ
ちーと君が
いない!!
あそこ
です!!
通天閣の下を
走る電車を
眺めてました
おみやげに妖怪ウォッチ
プリッツ(おみくじつき)
を買いました
PRETZ
やっぱり小吉が
出ました
小吉
小吉くらいが
ほどほどで
いいよね

猛暑の夏

ニッポンの夏に比叡山に行こう

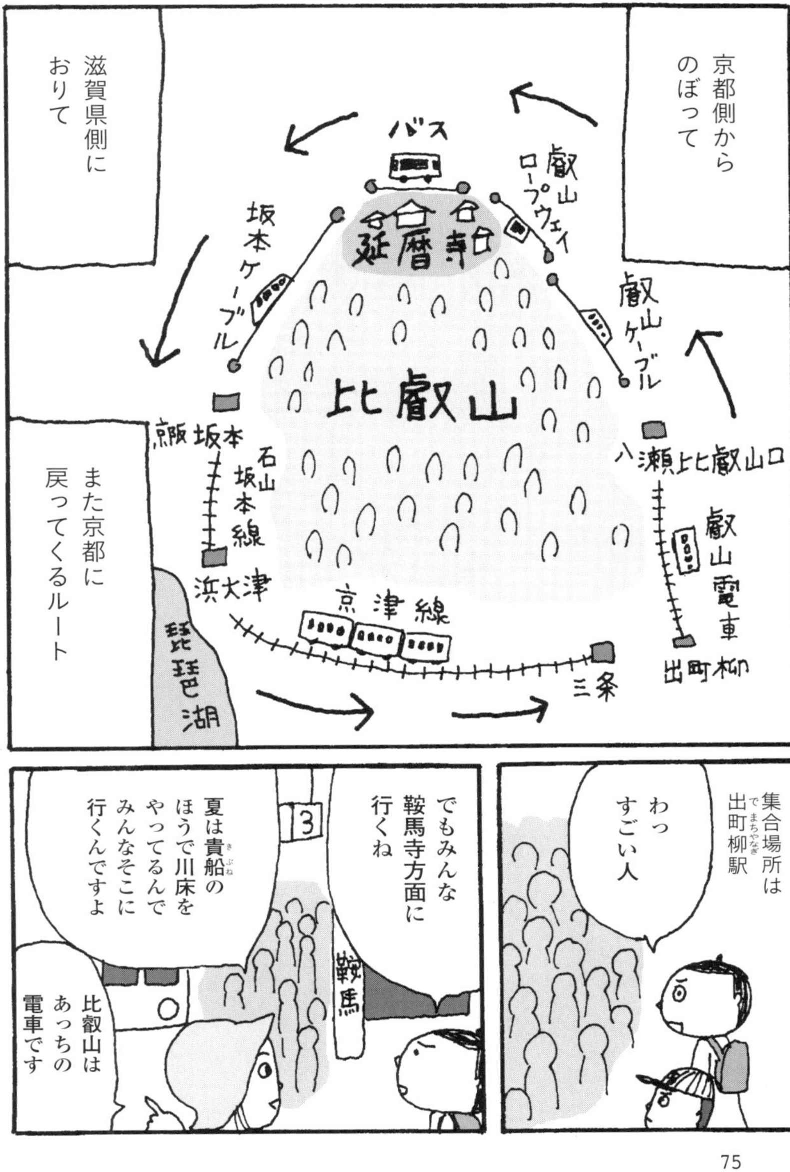
京都側からのぼって
滋賀県側におりて
バス
叡山ロープウェイ
延暦寺
坂本ケーブル
叡山ケーブル
比叡山
八瀬比叡山口
京阪坂本
石山坂本線
叡山電車
浜大津
京津線
出町柳
三条
琵琶湖
また京都に戻ってくるルート
集合場所は出町柳《でまちやなぎ》駅
わっ すごい人
でもみんな鞍馬寺方面に行くね
3
夏は貴船《きぶね》のほうで川床をやってるんでみんなそこに行くんですよ
鞍馬
比叡山はあっちの電車です

叡電（こと叡山電車）に乗る
叡電は何度も乗りに来てるよね
うん
八瀬比叡山口
EIDEN
のんびりしててスキ
でも私は比叡山にはじめて行くからこっち方面行きに乗るのははじめてですよ
へーそうなんですか
終点　八瀬《やせ》比叡山口《ひえいざんぐち》
と、思ったらここ来たことあるわ……
紅葉を見に来たんだったあたり一面真っ赤だった
行くぞ
40すぎてだんだん記憶があいまいに…
ハハ…
そーゆーこともありますよ
ケーブル　八瀬駅
ここから山をのぼります
ここから先は確実にはじめてです
叡山ケーブル
乗り場ですでに急勾配《こうばい》
行くぞ
階段→
おー

この急な坂を歩いて登ったら大変なんだろうな
ゴトン
ゴトン
昔の人はすごいですよね
シカがいた
次は叡山ロープウェイ
叡山ロープウェー
あっー
いやまだこの先登りますし
山の上に来たけど涼しくないね
あっこれ何?
かわらけ 3枚 100円
ここにお入れ下さい
かわらけ投げですよ!! 願い事を書いて投げると願いが叶うっていう!!
ここでできるんだ!!
それはぜひやりましょう!!
ちーと君もやろう
息子の願い
パパのぎっくりごしがなおりますように
えい
この輪に入ると叶うらしい
やー
誰も入らなかった

素焼きの円盤状のものを投げて遠くまで飛ばすという、平安時代からある遊びです

いやー冷房がよくきいてて汗が出っぱなしですな
オジさんがこんなギャグ?を言ってた
高ーい
比叡山頂
HIEI SANCHŌ
山頂も暑いねー
もっと涼しいかと思ったけど…
そしてバスに乗り
やっと来たー延暦寺だー
比叡山
ミーン
ミン
ミン
ミン
行くぞ
延暦寺
来ましたねー
息子が延暦寺で楽しんだところ
ホラあそこ光っとる
ぴかっ
ボタンを押すと名所が光る立体地図

ひと休み
アイス
かき氷 いちご練乳がけ
さー 元気出たし お参りするよっ
えー お参りー?
ヤダ
ホラすぐ 目の前やしー
ここは薬師如来様《やくしにょらい》がいるところだから パパの ぎっくり腰が よくなるよう お願いしよう
さー 坂本ケーブルまで歩くよー
あっいけど
まって!! 坂本ケーブルまで6kmって書いてある!!
坂本ケーブル ← 0.6km
ホラッ
アレは 0・6キロって 書いて あるんだよ 600メートルのこと
だってオレ ミリと センチしか 習って ないしー
小学2年生

あ、何か建物が見えてきた
もうすぐ発車です乗られますかー？
えっすぐ出るの？
どうします？
えっ走る？
いや乗らないひと休みしよう!!
きっぱり
息子の選択は正しかった
このケーブル延暦寺駅は
登録有形文化財の
ステキな建物だったのです
大正14年に建設
「近畿の駅百選」にも
選ばれています
うわー古い物好きの私の心がうずくっ!!
この市松模様のタイルすきっ
この待合室の感じもスキ

2階には展望テラスがあり
展望テラス
琵琶湖が見えるのでした
私、こういう空間ならずっとボーッとしていられます
私はジーパンを穿《は》いてきてしまったのが暑さへの敗因です
坂本ケーブルに乗る
福2
福号と縁号がある
私たちが乗ったのは福号
坂本ケーブルは長さ日本一なのだそうです
ケーブル延暦寺駅
もたて山駅
長いトンネル
ケーブルカーがすれちがうところ
ほうらい丘駅
ケーブル坂本駅
途中駅が2つあります
通過したけど

坂本はかつて明智光秀が「坂本城」を築いた場所ですが、今はお城はありません

京阪坂本駅までまだ0・7キロあるってどーゆーこと？
京阪坂本駅 → 0,7km
けっこー歩いたよね!?
うーんだいたいそのくらいってことなんだと思うよ
でもさっきの看板から100メートルは歩いてますよね…
ミーン
ミン
ミン
ミン
もう少しへらしても…
日吉大社
ケーブル坂本駅
ケーブル坂本駅から京阪坂本駅までは日吉大社の門前町を歩く
京阪坂本駅
この辺は静かでいい感じですね
ねーのんびり歩けるね
ミーン
ミン
あついけど
あつーい
あついけど
もうお昼すぎてるしこの辺でごはんにする？
お蕎麦屋さんあるけどどう？
やだっ
え…でもこの辺お蕎麦屋さんくらいしかないし

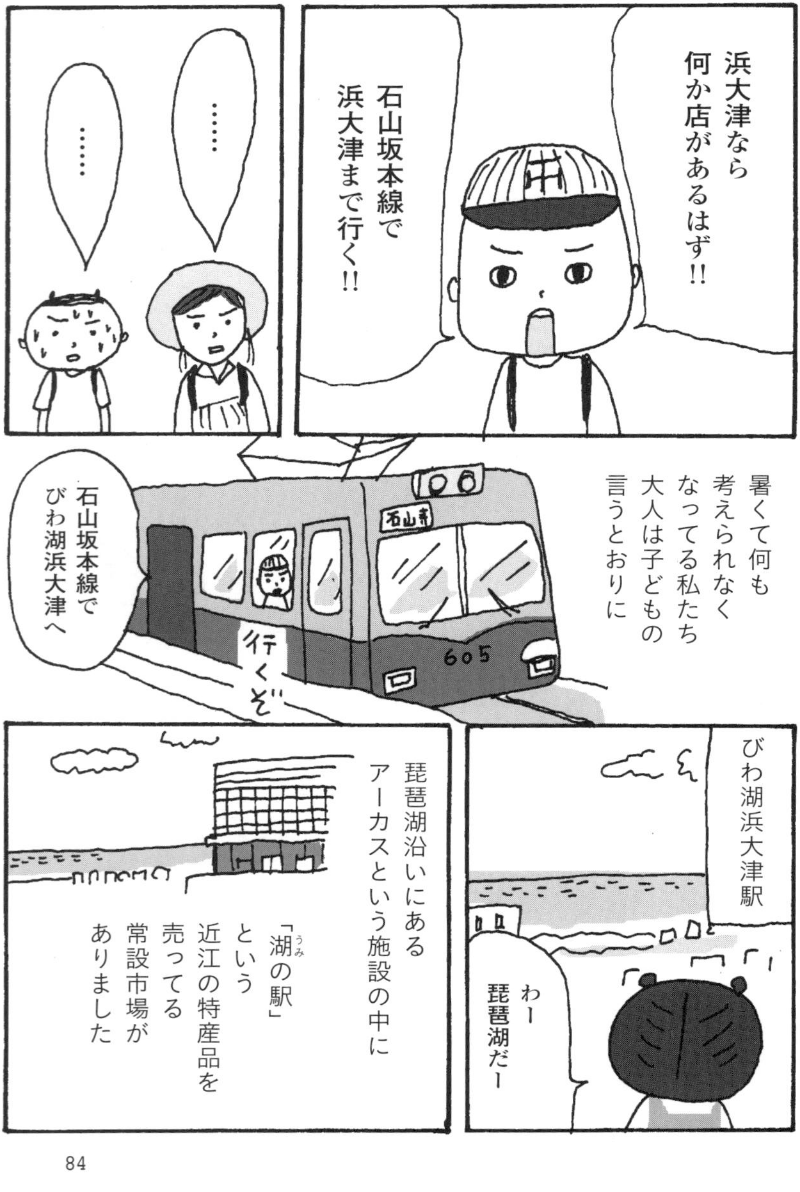
浜大津なら
何か店があるはず!!
石山坂本線で
浜大津まで行く!!
……
……
暑くて何も
考えられなく
なってる私たち
大人は子どもの
言うとおりに
石山寺
605
石山坂本線で
びわ湖浜大津へ
行くぞ
びわ湖浜大津駅
わー
琵琶湖だー
琵琶湖沿いにある
アーカスという施設の中に
「湖《うみ》の駅」
という
近江の特産品を
売ってる
常設市場が
ありました

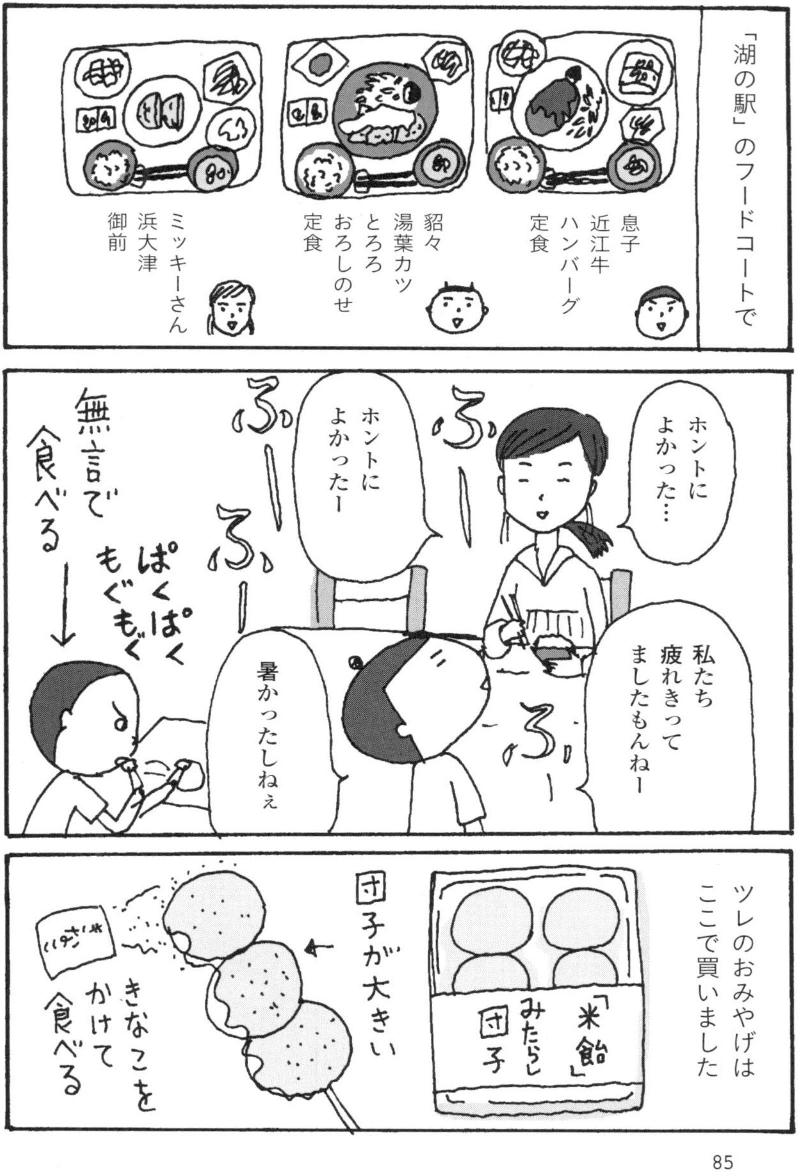

「湖の駅」のフードコートで
息子
近江牛ハンバーグ定食
貂々
湯葉カツとろろおろしのせ定食
ミッキーさん
浜大津御前
ホントによかった…
ふー
ホントによかったー
ふー
ふー
無言で食べる
ぱくぱくもぐもぐ
私たち疲れきってましたもんねー
暑かったしねぇ
ふー
ツレのおみやげはここで買いました
「米飴」みたらし団子
団子が大きい
きなこをかけて食べる

みんな元気になって
お腹いっぱい！
びわ湖浜大津駅から京津《けいしん》線に乗ります
水色と黄色のさわやかな車両
あ、しまった一番前に乗れば道路に出るのが見られて楽しいのに
いやいいよ今日はこのスキマから見る
シェード
京津線は一瞬だけ路面電車になります
道路に出る
次の駅では線路に入るのだけど
その後カーブのところでキリキリする音を少なくするためスプリンクラーで水をまいてる様子も見られます
夏に見ると涼しそう

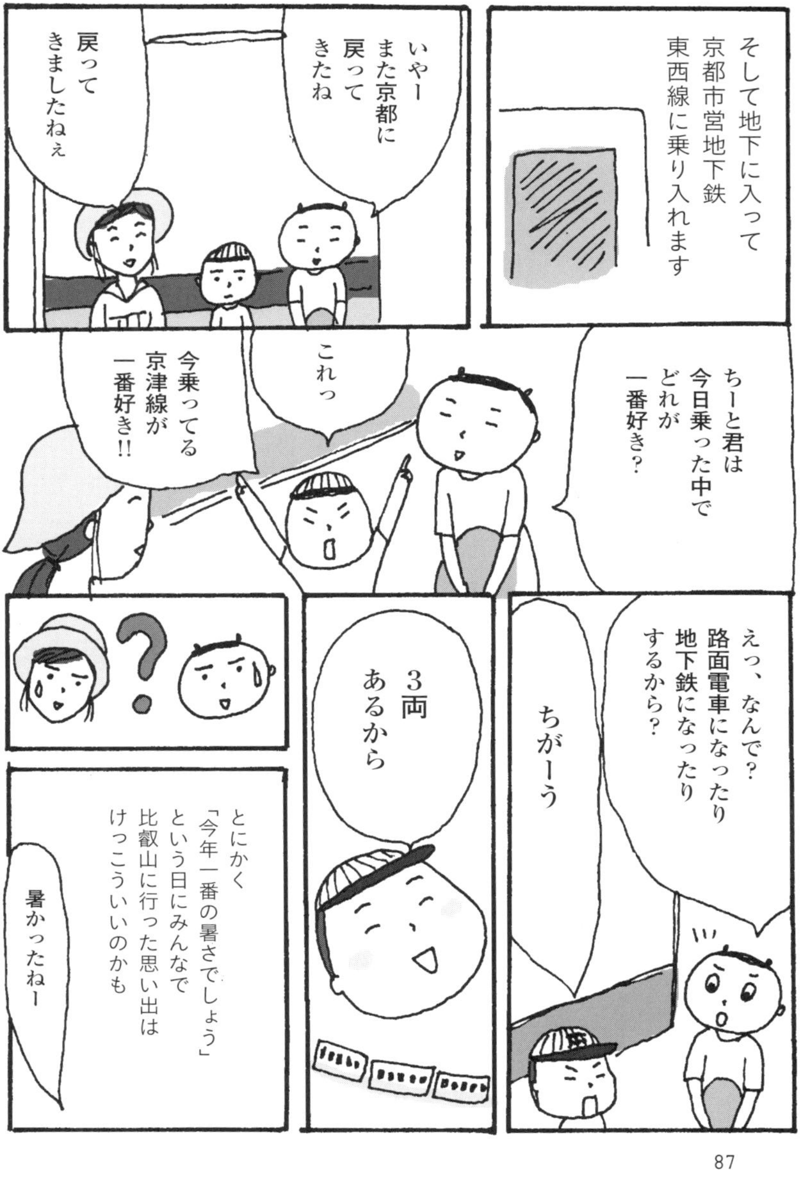
そして地下に入って京都市営地下鉄東西線に乗り入れます
いやーまた京都に戻ってきたね
戻ってきましたねぇ
ちーと君は今日乗った中でどれが一番好き？
これっ
今乗ってる京津線が一番好き!!
えっ、なんで？路面電車になったり地下鉄になったりするから？
ちがーう
3両あるから
とにかく「今年一番の暑さでしょう」という日にみんなで比叡山に行った思い出はけっこういいのかも
暑かったねー

京津線、ほんとは4両あります

ツレコラム ②

子どもと日帰り旅行に行くこと

かつては僕は、旅は一人でするもんだと思っていました。今でも一人でぶらぶらすることはある。そんなときは自分が主人公。ちょっと緊張していて、初めて出会った物事に、心が素直に反応しています。でも、いつしかパートナーを得て、彼女と一緒に旅することも多くなった。彼女も僕も方向音痴《おんち》なので、二人で真剣に計画をすり合わせたり、道順について討議したりします。そうすると、お互いに何か欠けている能力が多いことが明らかになってしまう。それぞれが主人公でいたいけど、二人とも滑稽《こっけい》な脇役のようだな。

そして、いつしか子どもが僕たちの旅に加わるようになりました。まだ経験が何もなく、怖いものもなく、表情から驚きや喜びが素直に伝わってきます。彼を見ていると、きっと僕もこういう子どもとして、親に連れられて旅をしていたのかなと思います。そのときの自分が主人公だったように、子どもを連れた旅では子どもが主人公になる。僕は自分の経験を伝えたいと、かつて訪れたところを旅先に選んだり、初めて行く場所でも自分の経験や知識を総動員して下準備をし、子どもが新鮮な驚きに出会うさまを見て喜んでいます。大人の僕には、経験や知識が邪魔をして、もう素直に驚けないことでも、息子は目を見開いてびっくりしたり感動したりしている。主人公ってこういうもんだよなと思う。こっそりその主人公に感情移入することで、僕も心のどこかで自分の主人公を取り戻しているんです。

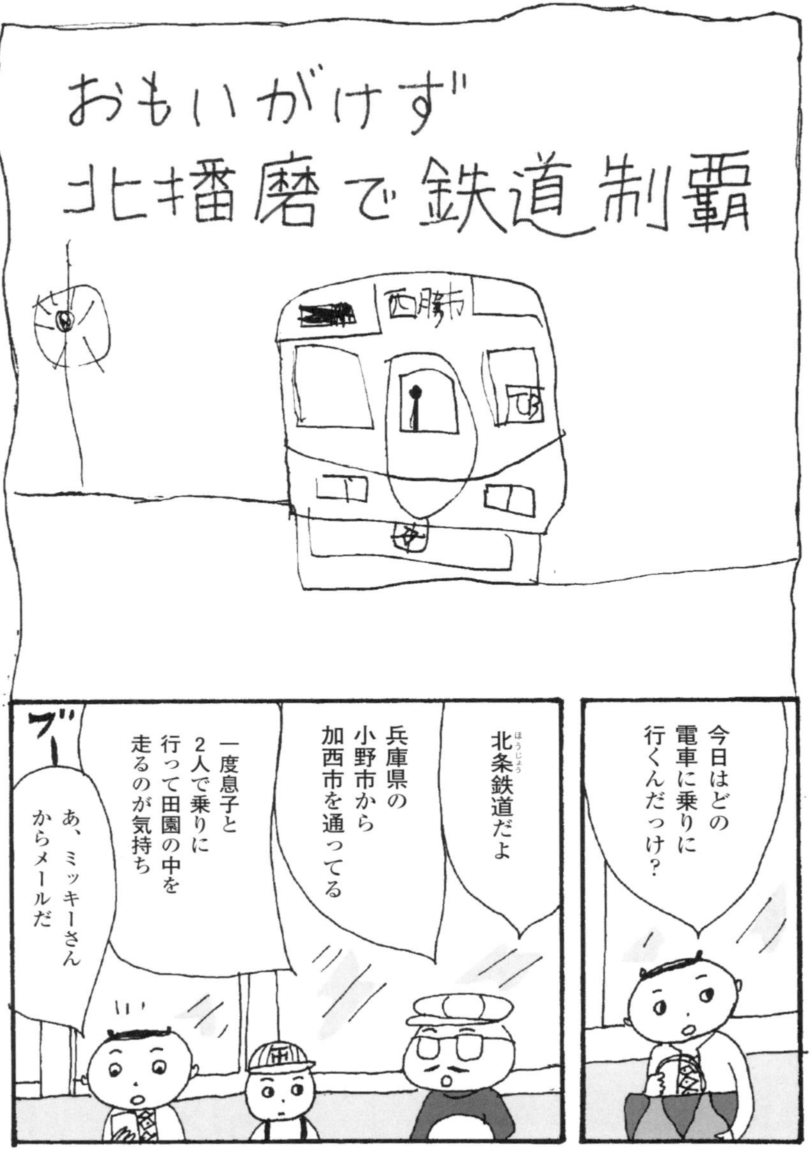
おもいがけず北播磨で鉄道制覇
今日はどの電車に乗りに行くんだっけ？
北条《ほうじょう》鉄道だよ
兵庫県の小野市から加西市を通ってる
一度息子と2人で乗りに行って田園の中を走るのが気持ち
ブー
あ、ミッキーさんからメールだ

＜メッセージ ミッキーさん
おはようございます
すみません！
ぎりぎりで電車を
逃してしまいました
ミッキーさん遅れてくるって
なにっ!!
マズイな
すぐ乗りかえしないと1時間以上空き時間ができちゃうんだ……
あわてて時刻表検索するツレ
真剣
1時間空きができたっていいのにねぇ
急ぐわけじゃないし
よし待ち合わせ場所変更だっ
ミッキーさんに伝えてくれ
ハイヨ
というわけでJR三《さん》ノ宮《みや》駅でミッキーさんと無事に会える
てんてんさーん すみませーん
あ、うしろから来た
そこからJR山陽本線に乗るはずが…
20分遅れ
10分遅れ
ただいま事故の影響により…
えーメチャメチャ乱れてる!!
がーん
アラまあ

阪急、阪神、地下鉄は「三宮《さんのみや》」と表記するのですが、JRだけは「三ノ宮」と書かれている…

はっ
まぁ電車の旅だからこーゆーこともあるよねぇ
大丈夫だ遅れてるってことは乗る予定だった前の電車に乗れるってことだ
ということは予定時間より早く着く!!
時間に正確なのかテキトーなのかよくわからんな
少し早めに加古川駅到着
こっから何に乗りかえるの?
JR加古川線もう来てる
ワンマン
西脇市
ホラね
わぁ

＜一輌の電車
なんか思ってたよりカワイイ
いい感じですねっ
ホントはこの電車乗る予定はなかったんだけど
車内
1人用イス
トイレ
ガタン
ゴトン
一番うしろに立って景色を眺める
ずっと一直線の線路だね
ガタン
ゴトン
キモチいいですねー
加古川線には「日本へそ公園」という駅があるんだ
日本へそ公園
そこが日本の「へそ」らしいですよ
粟生《あお》駅到着
ここで予定通りの北条鉄道に乗りかえるよ
あっち
もう来てる

「日本へそ公園」は兵庫県西脇市に。群馬県の渋川市も日本の「へそ」を自称して「へそ祭り」をやっているそうです。ライバル？

一輌の電車
へーこっちも1両なんだ
カワイイ
いいでしょ
なんだかのんびりしてていいね
あ
さっきオレらが乗ってきた加古川線
田園風景の中を反対方向に遠ざかっていきました

2018年3月現在、子ざる駅長の活動は終了しています

お腹すいたー
コレ食べていい？
ぱーん
また大きいの持ってきたなぁ
もうすぐ北条町に着くからそこでお昼食べよう
ハーイ
北条町駅着
歩道橋の上から駅の全体が見わたせるね
お昼ごはんは駅の近くの回転ずし屋さん
この鉄道旅で回転ずしは初やね
全員が久しぶりの回転ずしでハイテンションに

北条町は今は「加西市」になっているけど、駅名はそのままなのだ

まず流れてる内容を観察する2人
じー
じー
目の前に来た物をすぐとる息子
コレ
さっ
自分の食べたい物をすぐ注文するミッキーさん
注文するきかい
回転ずしでお腹いっぱいになった頃
ちょうど1時間たつので帰りの列車に乗る
1時間に1本運行する
行きはまわりを観察してたので長く感じたけど帰りはあっという間だった
22分だからね
粟生駅に戻ってきて次は神戸電鉄粟生線に乗る
急行
1353
4両が長く感じる
見て!!
4両もある!!

あ、ねーねー
今日はこれで北播磨の鉄道に全部乗ったことになるみたいよ
ホラこのパンフレットに書いてある
あ、ホンマや
沿線ガイド
満足してねてる
神戸電鉄粟生線
JR加古川線
北条鉄道
「北播磨の鉄道」というそうです
これってミッキーさんが電車に乗り遅れてこういうスケジュールになったんだから
かえってよかったねぇ
うわーそれならよかった
ここで息子が重大発言
オレはもう電車に興味がないんだ
えっ
大人につきあってるだけなんだ
そーなの？

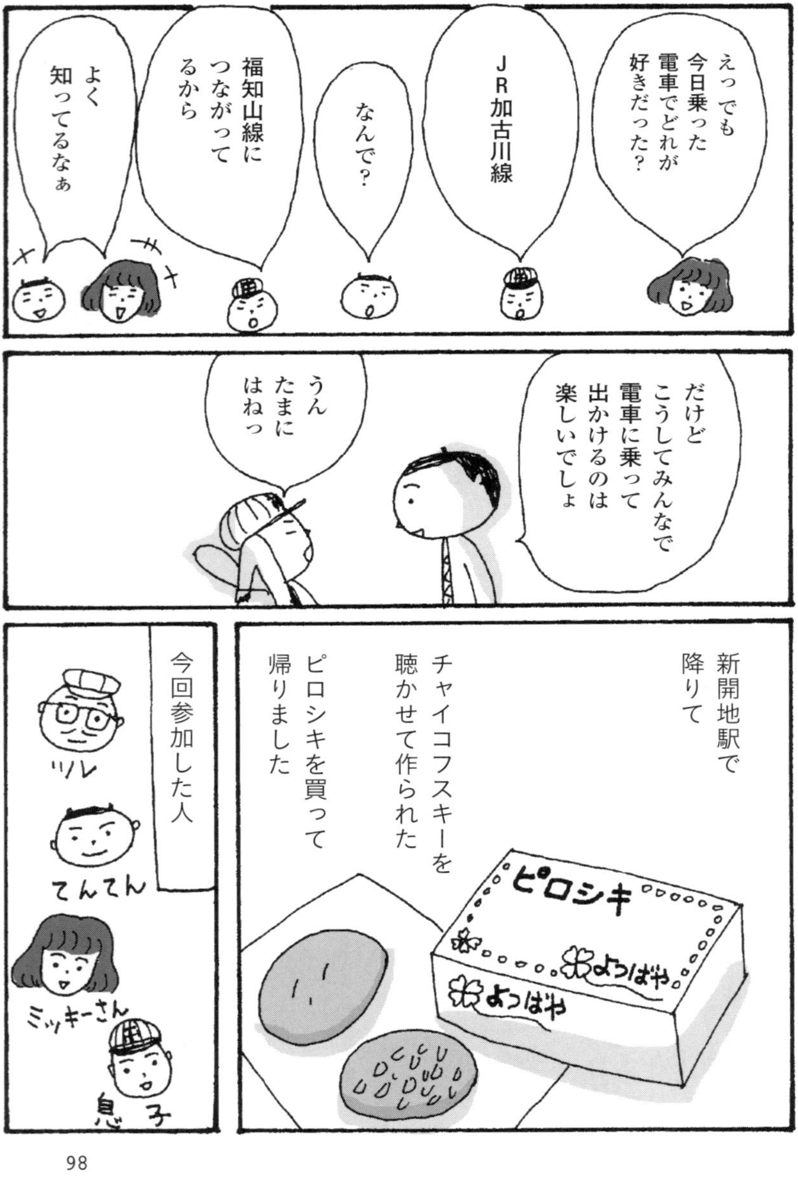

「花のワルツ」を聴かせていた

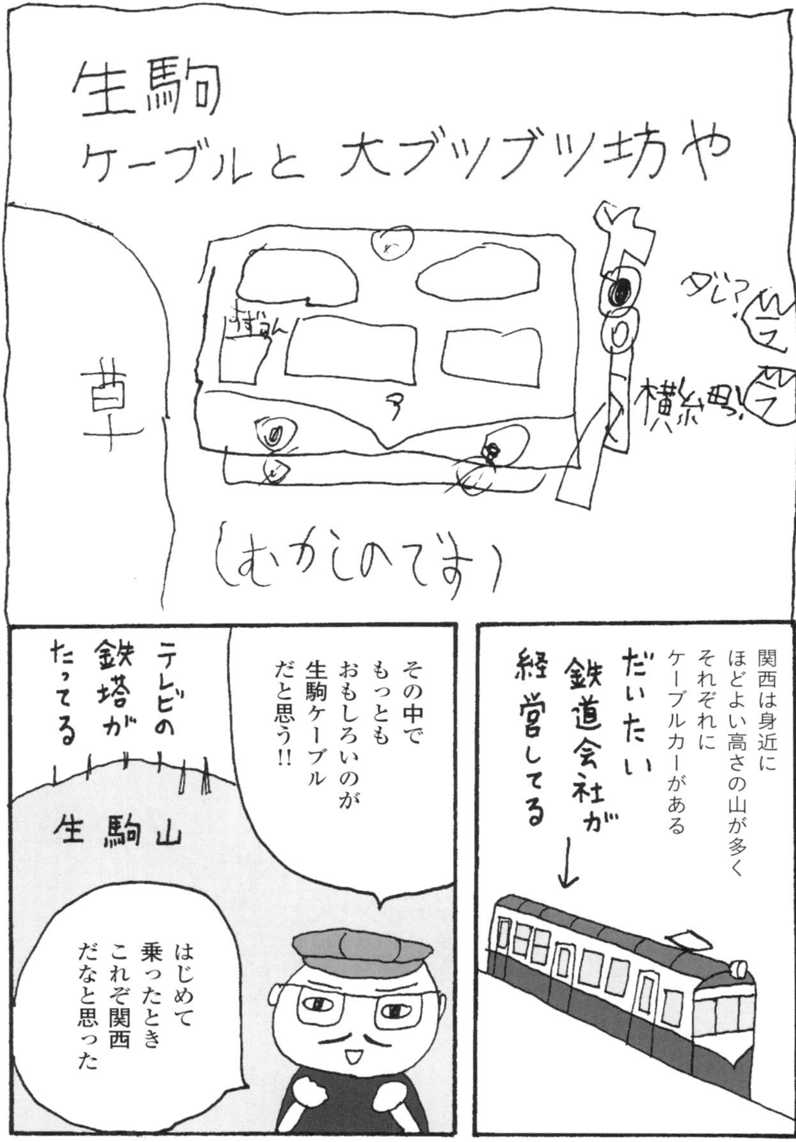
生駒
ケーブルと 大ブッブツ坊や
(むかしのです)
関西は身近にほどよい高さの山が多くそれぞれにケーブルカーがある
だいたい鉄道会社が経営してる
その中でもっともおもしろいのが生駒ケーブルだと思う!!
テレビの鉄塔がたってる
生駒山
はじめて乗ったときこれぞ関西だなと思った

というわけで今回は生駒ケーブルへ
参加した人
ツレ
息子
オレたち4回目
てんてん
2回目
ミッキーさん
はじめて
大阪市営地下鉄中央線本町駅ホームで待ち合わせ
おはようございまーす
たっち
近鉄けいはんな線が相互乗り入れしてるので直通で行けます
本町から生駒まで30分
生駒ケーブルのりば鳥居前駅
うわっこれがブル号!?
ブルドッグなんだよ
おもしろいでしょ?
そう生駒ケーブルの魅力はこの車体

入り口に名前が書いてある → ブル
乗るよー
あれ？これは？
それはネコのミケ号だよ
途中ですれちがうよ
へーそうなんやぁ
発車するよ
♪「丘をこえ ゆこうよ」の曲が流れる♫
↑耳
↑ぼうし
↑耳
ブル号の窓から見える景色

関西のオバちゃんぽい。アメちゃんくれそう

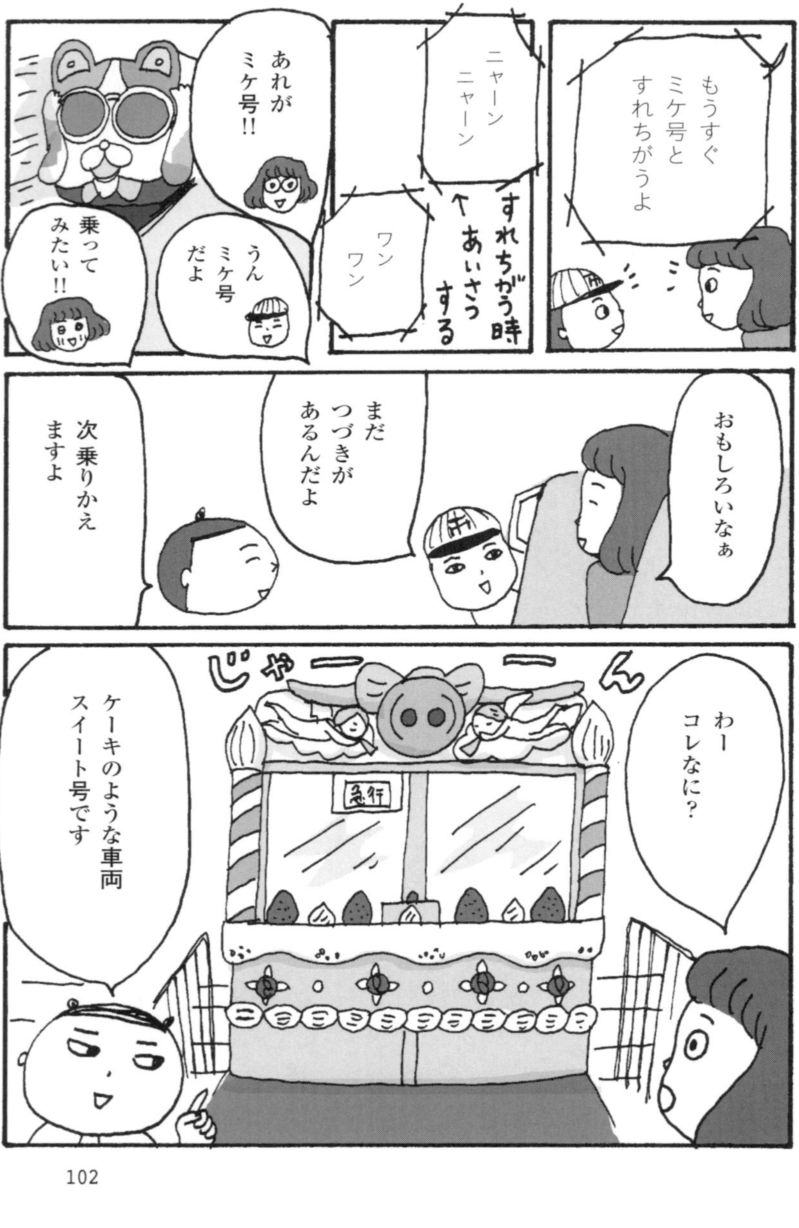

入り口に名前が書いてある
スイ〜ト
おかしの国に行く乗り物みたい
一番前あいてるぞっ
メチャメチャ急な山の坂を
車内音楽は「おもちゃの交響曲」
ケーキの車両が楽しそうに登っていきます
もうすぐドレミ号とすれちがうよ
ドレミ号?
あれかっ
あー一瞬でよくわからなかったー
帰りに乗れるといいいね
ようこそ
生駒山上遊園地
Welcome!
山頂にとうちゃーく
ついたー
わー遊園地だー

あれに乗ろうよ
えー いいよっ
私も乗りたい
ボクも!!
4人乗りなので全員でどうぞ
えっ
ここに2人分の体重の人がいるけど大丈夫か？
4人で乗りました
パパ動かないでよ
大丈夫だよ
わー コーヒーカップもメリーゴーランドもある!!
なつかしい!!

生駒山は標高６４２メートル。放送用のアンテナがいっぱい立っている「天然のスカイツリー」です

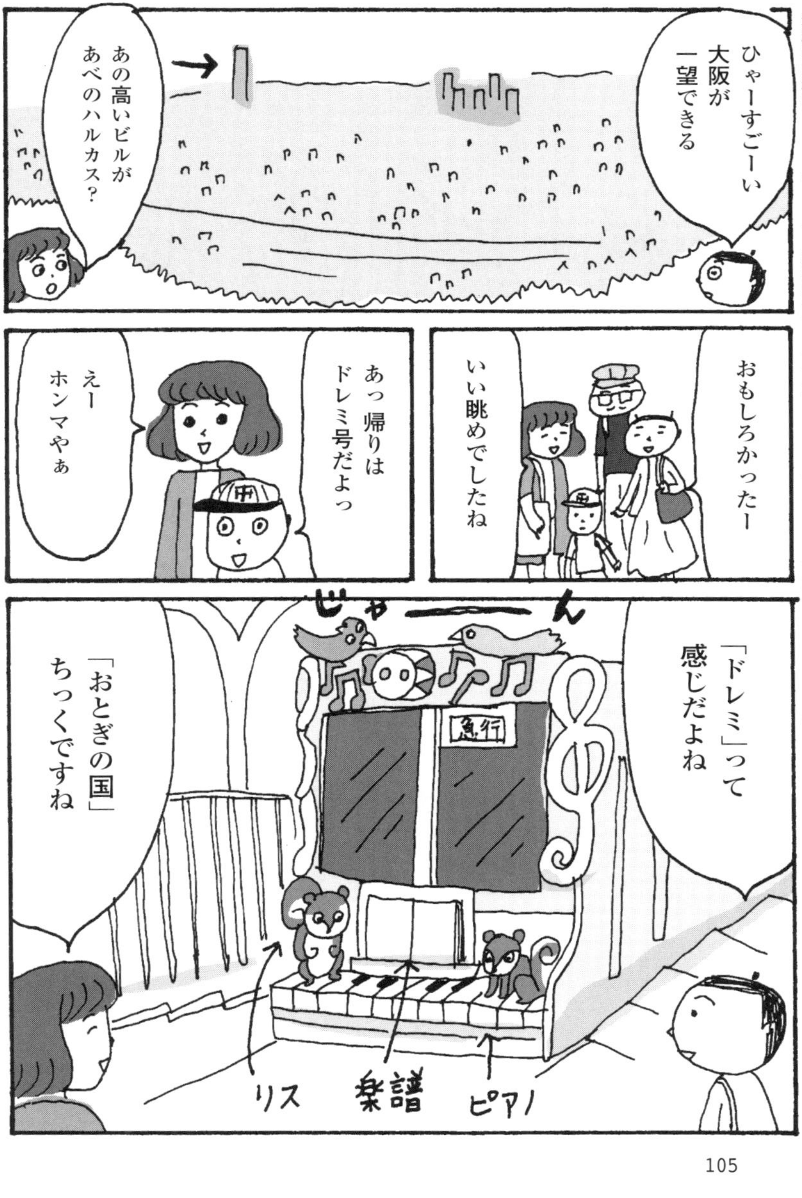

あべのハルカスは３００メートル

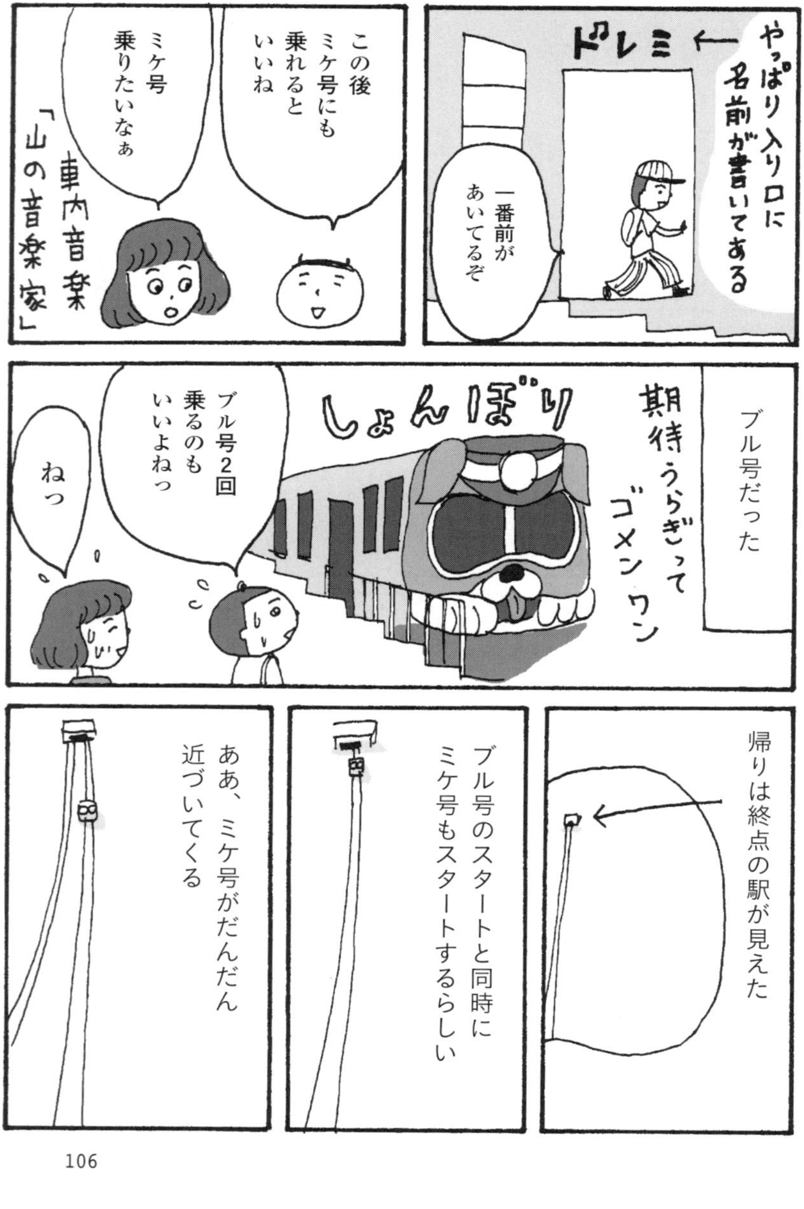
やっぱり入り口に名前が書いてある
ドレミ←
一番前があいてるぞ
この後ミケ号にも乗れるといいね
ミケ号乗りたいなぁ
車内音楽「山の音楽家」
ブル号だった
期待うらぎってゴメンワン
しょんぼり
ブル号2回乗るのもいいよねっ
ねっ
帰りは終点の駅が見えた
ブル号のスタートと同時にミケ号もスタートするらしい
ああ、ミケ号がだんだん近づいてくる

近づいてくる!!
来た!!
ニャーンニャーン
ワンワン
それが
とっても
楽しかった
ワタシ
今日のお昼ごはん
息子
天ぷらうどん
ツレ
あいもり定食
うどん
そば
ミッキーさん
天とじ丼
私
ニシンそば
じゃーこの後
近鉄に乗って
奈良に行き
ましょう
行こう
えーオレ
もう帰りたい
出た

高速もちつきで有名なのは中谷堂というお店です

テンテンカフェは歌手の河島英五さんファミリーが営むカフェなのだそう

和歌山に
ネコの駅長に会いにいく
ねこえき
ニャー
ねこ
次に乗る電車の話をしていたとき
そういえば まだ和歌山に 行ってないよねぇ
和歌山は ミニ私鉄が けっこう あるんですよ
ミニ私鉄…… なんかカワイイ
それじゃ次は 和歌山市方面に 行こうか
そうしま しょうか
そうしよう

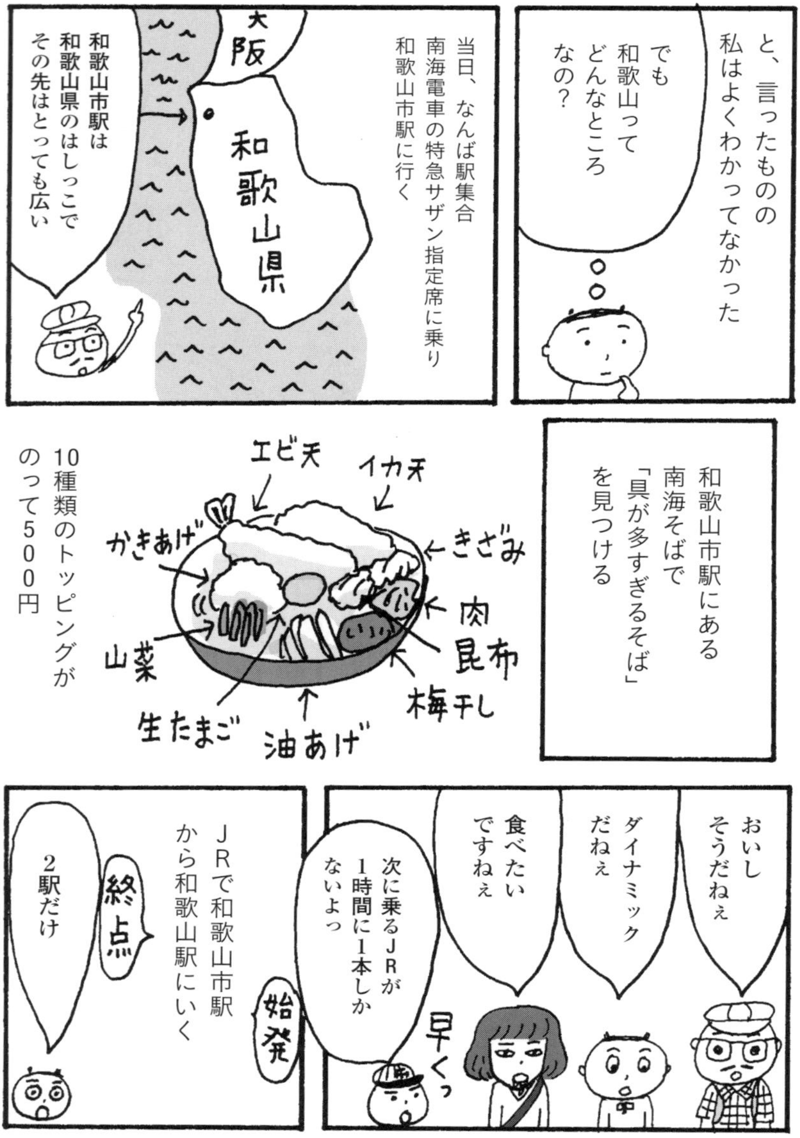

と、言ったものの
私はよくわかってなかった
でも
和歌山って
どんなところ
なの？
当日、なんば駅集合
南海電車の特急サザン指定席に乗り
和歌山市駅に行く
大阪
和歌山県
和歌山市駅は
和歌山県のはしっこで
その先はとっても広い
和歌山市駅にある
南海そばで
「具が多すぎるそば」
を見つける
エビ天
イカ天
かきあげ
きざみ
肉
昆布
山菜
梅干し
生たまご
油あげ
10種類のトッピングが
のって500円
おいし
そうだねぇ
ダイナミック
だねぇ
食べたい
ですねぇ
次に乗るJRが
1時間に1本しか
ないよっ
始発
早くっ
JRで和歌山市駅
から和歌山駅にいく
終点
2駅だけ

和歌山駅着
ホラもう隣のホームにいるよ
えっ
えっ
えっ
ひゃ――――
何コレネコの電車!?
うんネコだな
かわいい
ワンマン
2275

和歌山電鐵 貴志川線
たま電車だよ
これから
終点 貴志駅にいる
たま駅長に
会いにいくよ
今は
たまⅡ世で
ニタマ駅長が
勤務してます
今日は
勤務日だから
会えますよ!!
ニタマ駅長
きんむばしょ 貴志駅
きんむじかん 10:00〜16:00
こうきゅうび 水・木
たま駅長って
聞いたことある!!
約30分
和歌山
貴志
ココにいるニャー
たま電車って
和歌山を
走ってたのかぁ
知らなかった
オレっちは
知ってたよ
フッ
えー
ちーと君
知ってた
の?
当然だよ

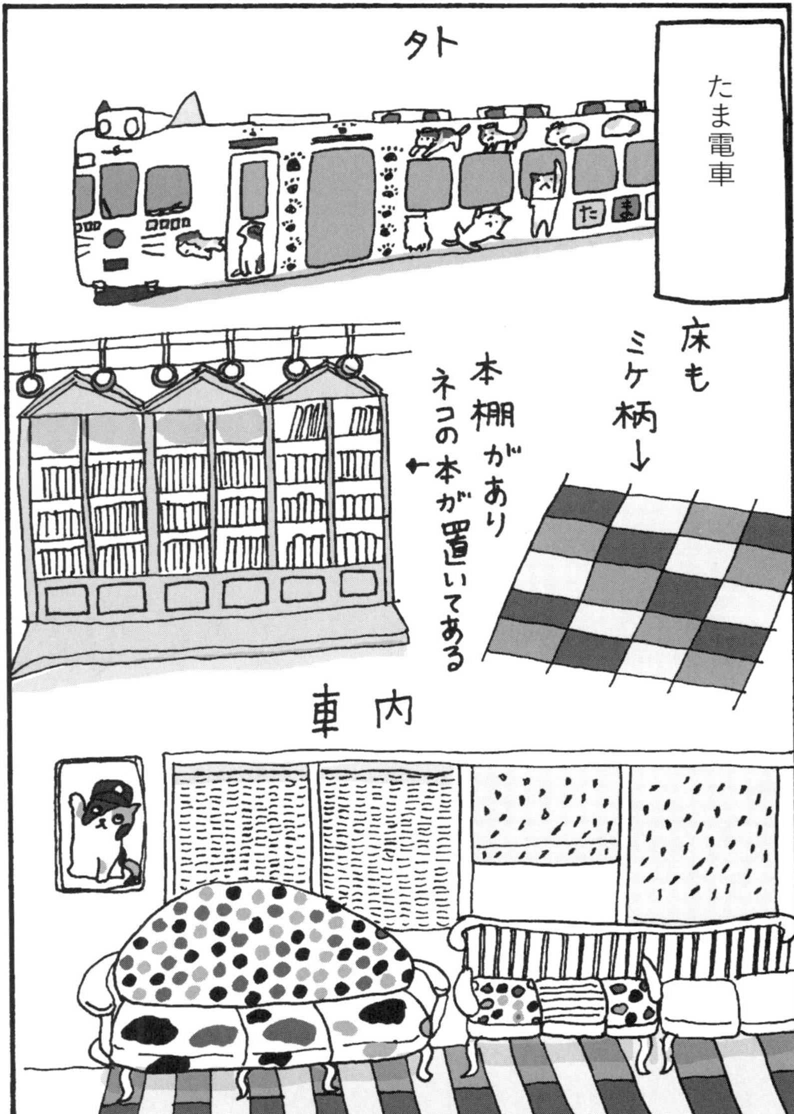
たま電車
外
床もミケ柄
本棚がありネコの本が置いてある
車内

これはスゴイ
へ――
この徹底的なこだわりは今まで乗った関西の電車で一番かも
だってこの電車を日常生活で使ってる人もいるわけだよねぇ
そうですよ
たまはこの路線の客寄せ招き猫として駅長に任命されたそうです
たま
その後、たま駅長は全国的に有名になり、たまづくしの電車「スーパー駅長たまちゃん電車」(略してたま電車)が走るようになりました
デザインは水戸《みと》岡鋭治《おかえいじ》さん
ミッキーさん今回くわしいねぇ
この車両をデザインした人の本を読んだことがあるんです
フフフ
気がつくと息子は本棚で『ドラえもん』をみつけて読んでた

そうこうしてるうちに反対のホームに
えっ あれは？
いちご電車 2
いちご電車 2
「いちご電車」ですよ!!
終点 貴志駅がある紀の川市 貴志川町はいちごの栽培が盛んなのです
さらに別の駅で
また ちがうのが来たよ
「おもちゃ電車」です 車内にガチャガチャがあります
おもちゃ電車
電車
おもちゃ
あと2016年6月から「うめ星電車」というのも走ってるそうです
うめ☆
888
紀州の梅をモチーフにした
へー

まだまだ終点 貴志駅に着くともっとおもしろい物が見られますよ
フフフ
ワクワク
えー なんだろ
ひゃー何コレ ネコの駅舎!!
TAMA
檜皮葺《ひわだぶ》きを使った世界唯一の駅舎だそうです
ニャー
たまカフェで「とびつきたまシュー」を食べました
駅の中にあるカフェ
ニタマ駅長はお昼寝タイム

帰りの電車は「いちご電車」でした
シートがいちご柄
夏の和歌山
まだ青い実の
みかん畑を走る
かわいい電車
フー
フー
何してるの？
電車の中が寒いから
うでをあっためてる

こーすれば
さっ
あったかいか
家に帰ってきて
たま駅長
かわいかったし
ニタマも
かわいかったから
オレっちの
ペットに
することにした
ぱっ
自由帳
息子はとっても
楽しかったらしいです

沿線のおすすめ情報

本文掲載以外にも、楽しいところがいっぱい！おすすめ情報をまとめました。
（文・編集部）

伊賀鉄道のおすすめ

伊賀線まつりと伊賀名物

伊賀鉄道に親しんでもらうため、毎年5月には伊賀鉄道友の会主催で「伊賀線まつり」をおこなっています。場所は伊賀鉄道上野市車庫。普段入れない場所で電車を見ることができ、イベントもたくさん。運転シミュレーション体験や、車掌機器操作体験も楽しめます。

また、伊賀には名物も多く、伊賀牛、伊賀米、伊賀焼、日本酒、和菓子、組紐が有名です。

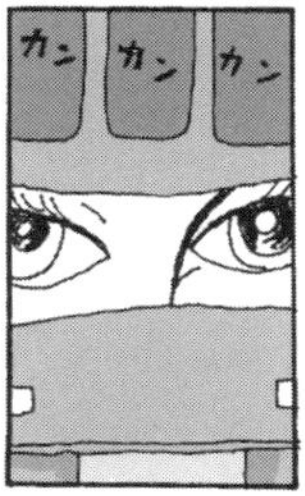

阪堺電車のおすすめ

歴史と文化を満喫

「東天下茶屋駅」から徒歩5分、阿倍野区阿倍野で生まれたといわれる陰陽師《おんみょうじ》・安倍晴明《あべのせいめい》を祀る「安倍晴明神社」があります。占いもできるそう。「御陵前駅」にある「銀シャリ屋ゲコ亭」は、おいしい白ご飯が有名なお店です。

「高須神社駅」には「鉄砲鍛《か》冶《じ》屋敷」があります。江戸時代から続く鉄砲鍛冶井上関右衛門の居宅兼作業場兼店舗は、当時の鉄砲鍛冶屋敷の面影を残す貴重な建物。そこから少し歩くと、堺市立町家歴史館「山口家住宅」もあり、堺の町家暮らしを感じることができます。

北条鉄道のおすすめ

〈播磨横田駅、播磨下里駅、法華口駅〉

「播磨横田駅」には、駅前に「イル・ビナーリオ・ディ・オーロ」というピザ屋さんがあり、田園風景を堪能しながらおいしいピザをいただけます。春には八重桜が綺麗に咲くので、桜の観賞をしながらのお食事も。サイクリング中の立ち寄りにも人気です。

「播磨下里駅」には、北条鉄道応援隊が植樹した梅と桃の木があります。毎年の手入れの甲斐もあり、綺麗に咲き誇ります。大正4年建設の駅舎と、梅と桃の花が「風情があって和む」と鉄道ファンから人気。

「法華口駅」は、法華山一乗寺の三重塔を高さ7メートルの模型にした「三重塔」が建立・寄贈され、観光客も多く訪れます。また、春には桜と列車、駅舎が写真に収められるので、カメラマンにも人気です。

和歌山電鐵のおすすめ

〈おいしい食べ物〉

和歌山はなんといっても食べ物が豊富。海の幸、梅、そしてフルーツ。貴志川線の終点「貴志駅」にある「貴志川観光いちご狩り園」は、大規模なビニールハウスでたくさんのいちごが栽培されています。なんと時間無制限で食べ放題。

「伊太祈曽駅」には、ブルーベリー狩りやみかん狩りができる「矢田みかん狩り園」があります。バーベキューも可能だそう。

秋の巻

高野山でお大師さまに会う

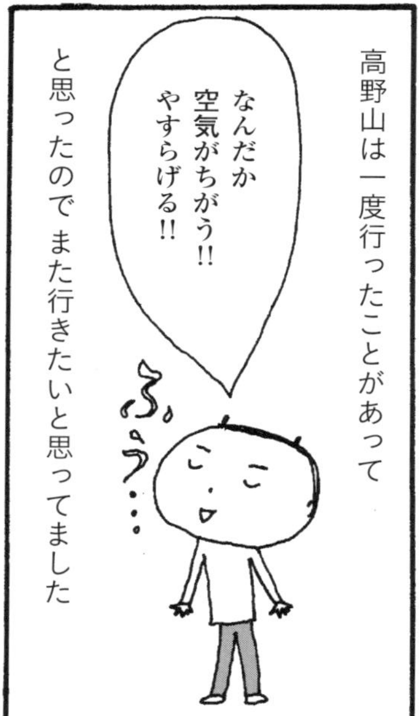

高野山は一度行ったことがあって
なんだか
空気がちがう!!
やすらげる!!
ふぅ…
と思ったのでまた行きたいと思ってました

参加した人
2回目
てんてん
何度か来たことがある
ミッキーさん
息子
ツレ

1 高野山 dayチケット
割引チケットも
ついてくる
これは阪急版

今回は「高野山1day チケット」で行きました

阪急、地下鉄
南海なんばー極楽橋
高野山ケーブル・バス
1日乗り放題

インターネットでも購入できます

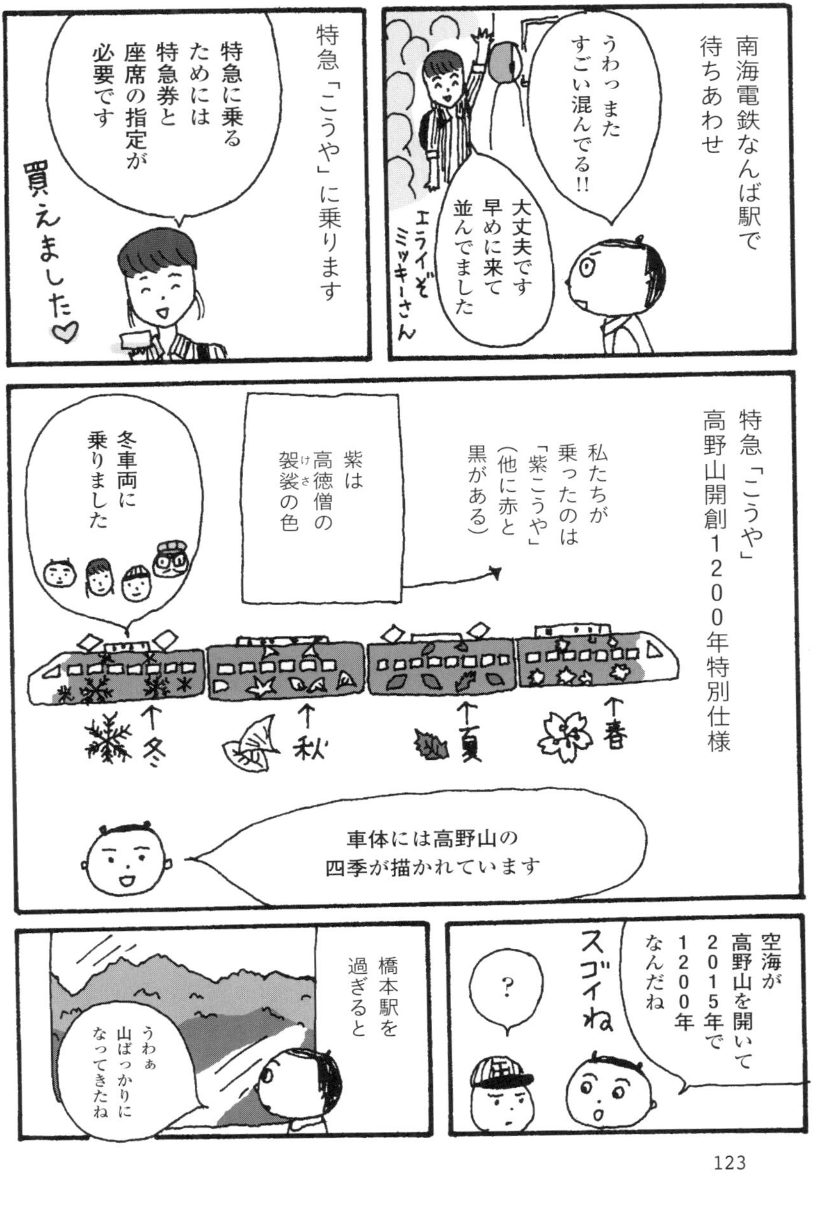
南海電鉄なんば駅で待ちあわせ
うわっまた すごい混んでる!!
大丈夫です 早めに来て並んでました
エライぞミッキーさん
特急「こうや」に乗ります
特急に乗るためには特急券と座席の指定が必要です
買えました♡
特急「こうや」高野山開創1200年特別仕様
私たちが乗ったのは「紫こうや」(他に赤と黒がある)
紫は高徳僧の袈《け》裟《さ》の色
冬車両に乗りました
春
夏
秋
冬
車体には高野山の四季が描かれています
空海が高野山を開いて2015年で1200年なんだね
スゴイね
？
橋本駅を過ぎると
うわぁ 山ばっかりになってきたね

くねくねした線路を走るようになる
わっ 先頭の春号と夏号が見えるよ
橋本駅から終点 極楽橋までは山と川の景色がキレイです
山
川(渓谷)
線路↓
なのでその区間だけこうや花鉄道「天空」が走ってます（期間限定）
天空
景色を眺められるよう座席が窓に向いてる
吹きぬけの展望デッキ
サワヤカ
ここで熱弁をふるうミッキーさん
私はずっとこの電車にあこがれてたんです
いーわーのんびり絶景眺めたい
だから帰りはこの「天空」に乗るつもりだったんです!!
ついにチャンスがきた〜!!
予約がいっぱいでダメでした
がっかり
いやまだチャンスはあるよ

終点 極楽橋駅に着くと
ここから極楽に行く感じでいいね
ぽやーん
どどどどどど
!!
山上に向かうケーブルカーに乗りおくれないようみんな必死
私たちもいそごう
高野山の山上まではケーブルカーでたったの5分です
ケーブルカーの車内はメチャメチャ急勾配
傾斜15度
立つのにバランスが必要
終点近くになると30度になるそうです
西日本で一番急勾配
だからひっぱりあげる
↑ケーブルが他の所より太い
ケーブルカーを降りたあと改札口に向かう階段も急勾配
ひゃーしんどっ

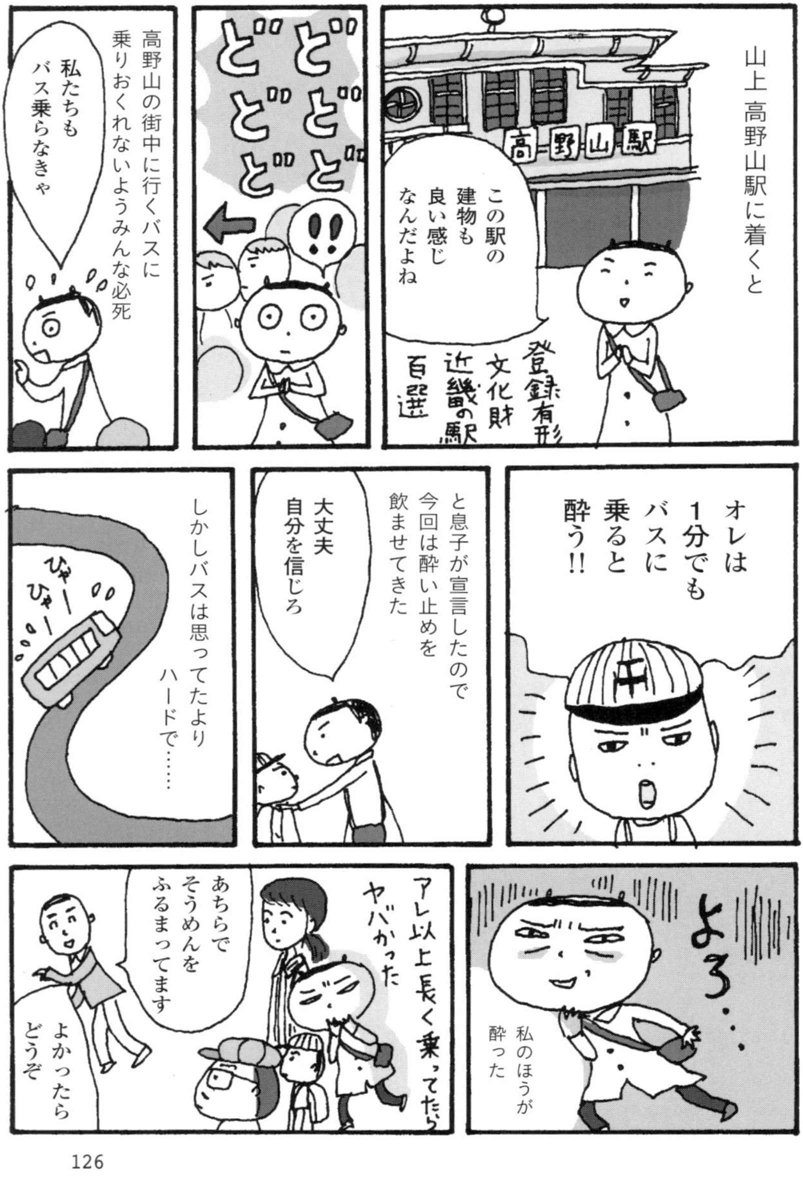

山上 高野山駅に着くと
高野山駅
この駅の建物も良い感じなんだよね
登録有形文化財
近畿の駅百選
どどどどどど
!!
高野山の街中に行くバスに乗りおくれないようみんな必死
私たちもバス乗らなきゃ
オレは1分でもバスに乗ると酔う!!
と息子が宣言したので今回は酔い止めを飲ませてきた
大丈夫自分を信じろ
しかしバスは思ってたよりハードで……
ひゃー
ひゃー
よろ…
私のほうが酔った
アレ以上長く乗ってたらヤバかった
あちらでそうめんをふるまってます
よかったらどうぞ

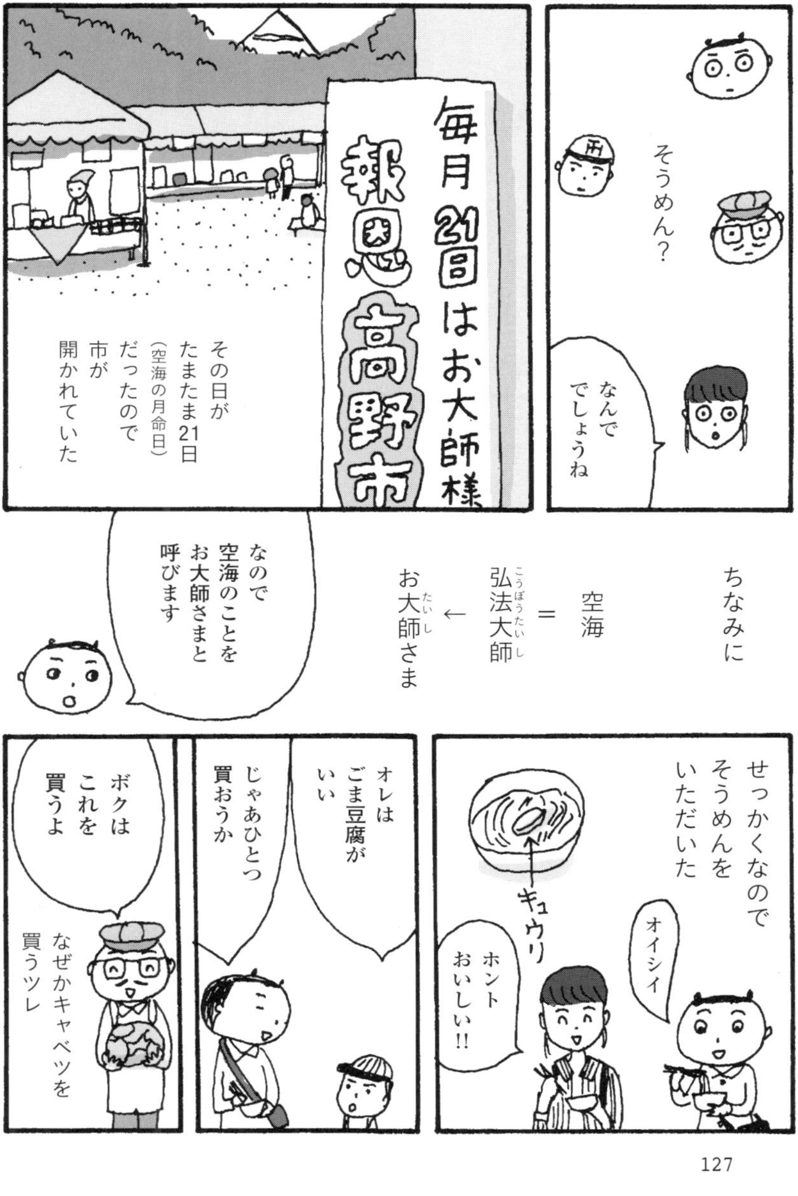
そうめん？
なんでしょうね
毎月21日はお大師様
報恩高野市
その日がたまたま21日（空海の月命日）だったので市が開かれていた
ちなみに
空海
＝
弘法大師《こうぼうたいし》
←
お大師《たいし》さま
なので空海のことをお大師さまと呼びます
せっかくなのでそうめんをいただいた
オイシイ
ホントおいしい!!
キュウリ
オレはごま豆腐がいい
じゃあひとつ買おうか
ボクはこれを買うよ
なぜかキャベツを買うツレ

ハラがへった!!
と言うのでランチタイム
息子 きつねうどん
ツレ カレーライス
てんてん おにぎり定食
ミッキーさん カレーうどん
さて これから どうします？
いつも通り なんのプランも ないんだね
うーん
前に来た ときは
奥之院という ほうに行ったから
今度は 反対方向に!!
高野山はこんな感じ
一番奥に お大師様が いるらしい
こっちに行って みることに
壇上伽藍《だんじょうがらん》
奥之院《おくのいん》
ごはん たべてる店

ランチを食べた店でおまんじゅうをいただく
今日はお大師様の日なので
お茶まんじゅう
お茶まんじゅう
お茶まんじゅう
お茶まんじゅう
お大師様ありがとう
壇上伽藍て何ですかね
何でしょうかねえ
相変わらず下調べしてない2人だ
ここは蛇腹路《じゃばらみち》というらしいですよ
まっすぐですけどどう蛇腹なんでしょうね
蛇腹路
ん?
何か見えてきましたよ
見えてきましたね
なんすかこの赤いの
何かの建物でしょうか
うわなんかメチャメチャでかいっ
スペクタクルですねっ

高野山のお寺の並びを蛇に見立てると、ちょうどこの辺が腹だという謂われらしいです

壇上伽藍は、大日如来が創造した世界観を弘法大師・空海独自の発想で具現化したものだそう

で、これ なんですか？
じゃり あそび
さあ…
……
と、いうふうに
何か ありがたくて 意味のある物に ちがいない
ということだけを 感じとって進む私たち
霊宝館で仏像を見て
ミッキーさん
なんだか スゴイ
ツレ
タカラヅカの 男役みたいだ
てんてん
家にあったら コワイ
息子
このソファは 気持ちいい
霊宝館 出口の外にある ソファー
その後 お茶タイム
ミッキーさん くずもち
息子 焼きイモまんじゅう
てんてん 甘酒まんじゅう
甘酒
ツレ くるみもち

じゃあ帰りましょうか
ハイ
帰りは快速急行
フツーの電車
あっ
パンフレット
ちょっとちょっと今日行った赤い建物
高野山を紹介するとき必ず載ってるアレじゃない
高野山
ホラ
ってことは私たち高野山のシンボルに行ったんだね
それならもっとちゃんと見ておくんだった……
また行けばいいじゃない
そうだよね日帰りできるんだし
今度こそ天空に乗りましょう!!
次はちゃんと下調べするのか？私たち

神のいない月
京阪で成長を知る

そろそろ
しーん

関西に
引っ越してきたとき
息子は3歳
きかんしゃトーマスが
大好きでした
京阪電車交野《かたの》線に
トーマス号というのが
あるらしいから
行ってくる
いってくる!!
いってらっしゃ〜い
私は仕事

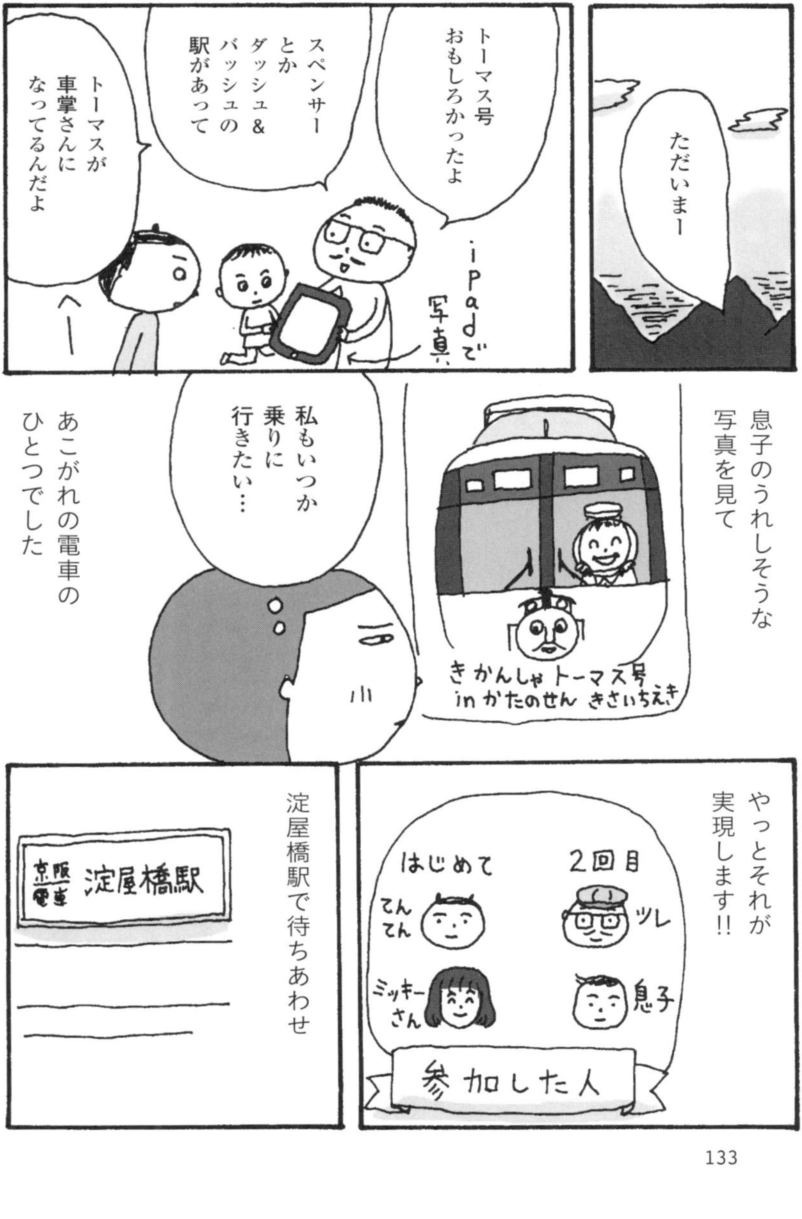
ただいまー
トーマス号おもしろかったよ
スペンサーとかダッシュ&バッシュの駅があって
トーマスが車掌さんになってるんだよ
へー
iPadで写真
息子のうれしそうな写真を見て
きかんしゃトーマス号 in かたのせん きさいちえき
私もいつか乗りに行きたい…
あこがれの電車のひとつでした
やっとそれが実現します!!
2回目
ツレ
息子
はじめて
てんてん
ミッキーさん
参加した人
淀屋橋駅で待ちあわせ
京阪電車 淀屋橋駅

京阪電車はたくさん種類があってむずかしい
特急
快速急行
急行・深夜急行
準急・通勤準急
区間急行
普通
どれがどこに止まるの?
その中でも私たちが乗ったのは本数の少ない快速特急「洛楽《らくらく》」という電車
洛楽
この電車は京橋を出たあと七条まで止まりませんのでご注意ください
淀屋橋
北浜
天満橋
京橋
七条
01
02
03
04
37
えっ トーマス号に乗るためには枚方市で降りなきゃなのに!!
せっかくエレガント・サルーン車に乗れたのに京橋で降りなきゃですね

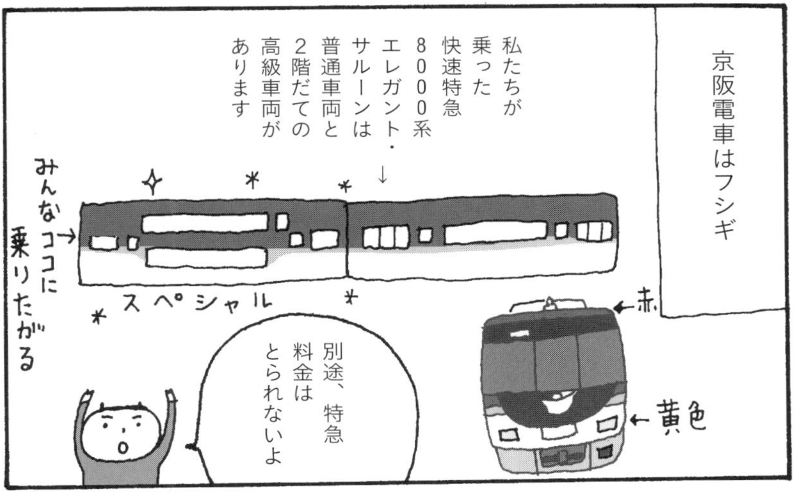
京阪電車はフシギ
私たちが乗った快速特急8000系エレガント・サルーンは普通車両と2階だての高級車両があります
赤
黄色
みんなココに乗りたがる
スペシャル
別途、特急料金はとられないよ

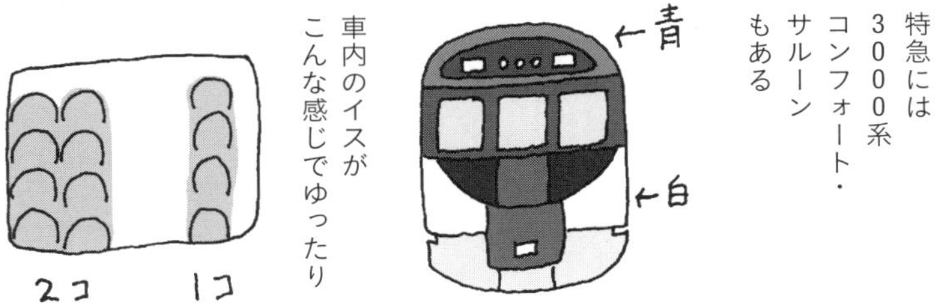
特急には3000系コンフォート・サルーンもある
青
白
車内のイスがこんな感じでゆったり
2コ
1コ

特急車両ではないですが、混雑時にしか開かないラッシュ用ドアのついてる車両もあるんですよ
へー
ラッシュ用ドア
ラッシュ用ドア
おばさんが開くのをずっと待ってて気づいて別のドアから乗った

スペシャルな時間は4駅で終わり
バイバイ
京橋で次の特急を待ちます
特急来た!!
この特急は普通の横長のイスなんですね
ねーいろいろフシギですよね
枚方市
ひらかたし
枚方市駅に到着!!
ここから出てる交野線をトーマス号が走ってます
運行情報はホームページなどでチェックしてみてください
やっとトーマス号に乗れるー
オレやだ

えっ
オレ乗らない
どうして？
だってオレもうトーマス好きじゃないし
でもここまで来たんだからハハは乗りたいよー
私だって乗りたいよ
やだ
などと言ってるうちにトーマス号が到着
わっ来たー
写真写真

ヒロは「日本から来た」という設定で、ちーと君も大好きだったのに……ディーゼル10は怖いからキライでした

乗った!!
わー
はぁ
はぁ
どうして
そんなに
イヤがる?
オレはもう
子どもじゃ
ないっ
!!
そういえばこれに乗って
喜んでるのは
幼児ばかりだ

オレはもう
トーマスで喜ぶ
ような年齢じゃ
ないってことか
子どもじゃないん
だったら
冷静になって
この車両を
見てみなさい
客観的に
見て
この電車は
よくできてる
でしょ？
やぁぼく
トーマス
次の駅は
ほしがおかだよ
トーマスの声
トーマスだらけ

鴨東線。うーん、本線じゃないけど本線っぽい（直通運転なのです）

近鉄に乗って
吉野に紅葉を見に
さくらライナー
急行

次は近鉄に乗って吉野に行きたいな
吉野かあ
吉野は桜がたくさんあって歌舞伎の義経千本桜の舞台になったところですよ
桜って紅葉もキレイだったりするのかな?
はい、紅葉もバッチリです!
近鉄も楽しいよ

参加した人たち
息子
てんてん
ミッキーさん
ツレ
阿部野橋駅が近鉄特急の始発
大阪阿部野橋 F01
おおさかあべのばし
河堀口 F02
1
2
見て この特急 2両しかないよ!!
ホントだ
2両の特急って ミニ旅行って感じにぴったりだね
今オレ『ハリーポッター』読んでる
えー どこまでいったん？
くみわけぼうしのところ

阿部野橋駅はＪＲや地下鉄の天王寺駅に隣接しています

ハリーポッターは私が小学3年のときに出たんだよ
夢中になって読んだなー
へー
その頃私らすっかり大人になってたな
そーいえばミッキーさんと息子のほうが年齢が近いんだよなー
なので共通の話題が多い
季節でいうとミッキーさんと息子は
春
だけど
私らは
秋
なんだね
紅葉を見ていやされようね
そーだねえ

吉野に到着
ぜんっぜん
ミドリだね
まだまだ
30代って
ところだな
山はまだ紅葉
してなかった
それじゃ
ケーブルカーに
乗って山の上に
行きましょう
ケーブルのりば
まって!!
アレ
ケーブルカーじゃ
ないよっ
どう見ても
ロープウェイ

でもここには ケーブルカー って
ロープウェイ
駅
現在地
あ、でも あっちには ロープウェイって 書いてある
ケーブルのりば
なぞだ…
でもまあ いいか
ケーブルカー（でもロープウェイ）で山の上まで3分ほどで到着
わーお店が いっぱい
くずもちとか くずゆとか 売ってるね
今だけ特別 ご開帳やってるよ
国宝仁王門修理勧進
蔵王堂秘仏ご本尊
特別ご開帳
わーラッキー 行ってみましょう
いつも 何も下調べなしで 行くので、こういう 出会いはうれしい

ばーーん
大きすぎて こーゆーかっこうを しないと上まで 見えない
ん？ 首から上の 神様だって
頭がよく なるらしいよ
蔵王権現様の化身 首から上の守り神
脳天大神《のうてんおおかみ》
・入試合格
・学力向上
450段の階段に 挑戦 修行しよう！
でも 階段 450段 だってよ!!
私らはいーけど 一番学力を 上げたい人が ムリだよね
やだー つかれた― かえるー
行っても いいよ
えー！
ホント？

「やっこ」というお店で食べました
その前に
腹ごしらえ
柿の葉ずしと
うどんのセット
くず入り
うどん
柿の葉
ずし
くずもち
いつも新幹線の
駅弁で食べる
柿の葉ずしと
ちがうねえ
いよいよ頭のよくなる神様
のところに
まず
450段
おりる
ここがスタート
地点だね
先が
見えないね
オレは
こんなの
楽勝だよ
たっ
あっ
待って!!
ぴゅーっ
あっという間に
見えなくなる息子
一歩も進んでない
階段て
いうのは
くだる
ほうが
キケン
なんだよな
よいしょ
よいしょ

到着
ヒザが笑ってる
みんなでお参り
息子の頭がよくなりますように
ついでに私の頭もよくなりますように
さっここから450段のぼりますよっ!!
山のぼり大好き
ミッキーさんうれしそうだね
まーボクも最近のシュミは山のぼりだからこんなの楽勝
レッツゴー
でもちーと君はさすがに疲れたでしょ?
アレ?いない!!
ちーと君もう先に上がってますよ
ぴゅー

へーー
行くか
ゼーゼー
なんだか
だんだん
とりのこされて
いくねえ……
でもハハは
ちーと君の
学力向上の
ために
この階段を
のぼりきって
みせるよ!!
ゼー
ハー
ゼー
ハー
ハーハー
一気はムリ
ひとやすみ
ハー
ゼー
ゼー
ハー

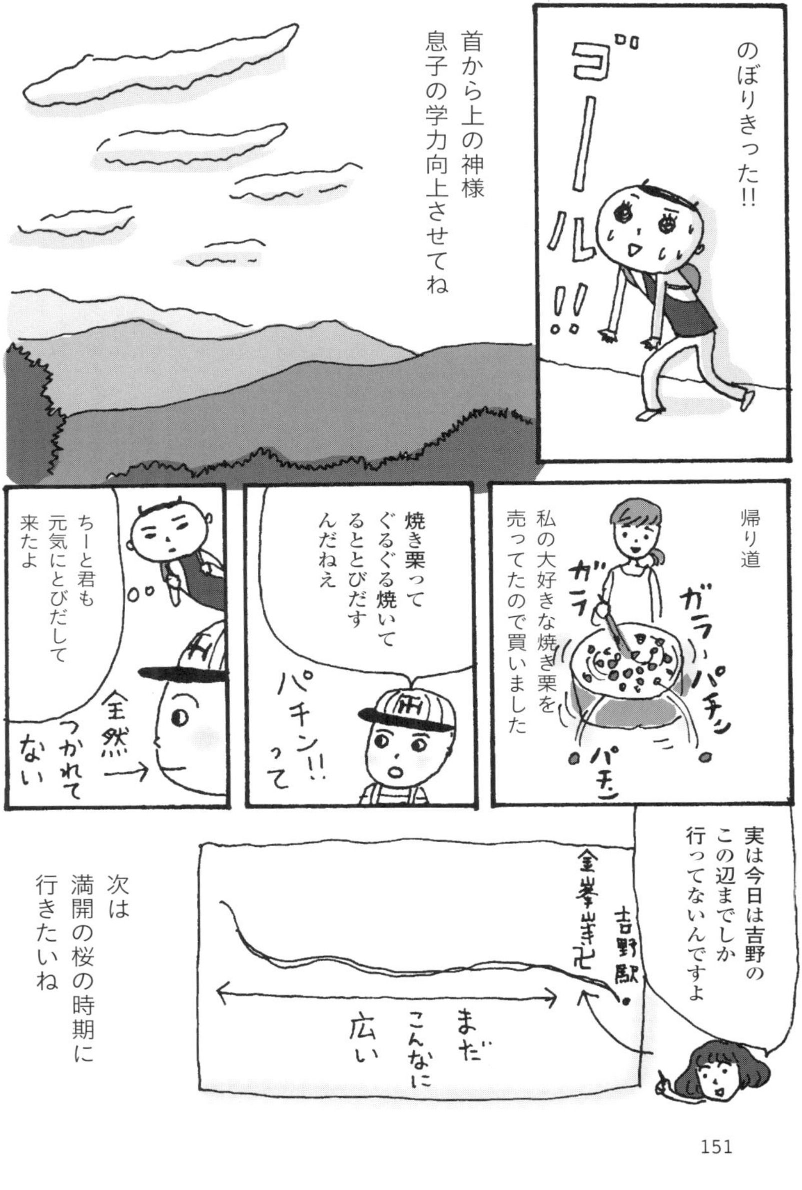
のぼりきった!!
ゴール!!
首から上の神様
息子の学力向上させてね
帰り道
私の大好きな焼き栗を売ってたので買いました
ガラ
ガラ
パチン
パチン
焼き栗ってぐるぐる焼いてるととびだすんだねえ
パチン!!って
ちーと君も元気にとびだして来たよ
全然つかれてない
実は今日は吉野のこの辺までしか行ってないんですよ
金峯山寺卍
吉野駅
まだこんなに広い
次は満開の桜の時期に行きたいね

ツレコラム ③
関西は私鉄王国

粘菌を用いた研究で、日本の関東地方の地形の模型を作り、各都市の人口に比例した養分をおいて、菌類を繁殖させると、ちょうど関東の鉄道網の形になるというのを聞いたことがあります。経済成長の段階で必要に応じて作っていった鉄道網は「粘菌コンピュータ」と同じ結論だったというわけです。短い期間で廃線になったり、計画したけど実現しなかった鉄道は、おそらく粘菌ネットワークにも出てこないものなのかもしれない。

　でも、この研究のことを聞いたときに僕が思ったのは「関西はそれ、ちがうやろな」ということでした。地形の縛りは関西のほうがより強いと思うけど、旧国鉄のＪＲと私鉄がこんなに競合している状況というのは、合理的ということからはかけ離れている。味の好みが違う粘菌が三種類くらい勝手にネットワークしている感じです。

　関西で面白いのは、私鉄各社にとても勢いがあって、それぞれの文化圏を営んでいるところ。阪急は歌劇団と百貨店、スーパー、不動産やホテルを持っていて、阪神を傘下に入れたので、タイガースを応援してる。南海は近畿圏の南と、和歌山からのフェリーで徳島も影響圏。京阪や近鉄もそれぞれ京都、奈良が地盤で、いや、語りだしたらキリがないんですが。

　長い関西の歴史の中で、鉄道が登場したのはたかだか百年前。だけど、今の関西の文化のあり方は、各鉄道会社の個性と共にあるようなものなんです。

大阪の スゴイ ゴミすてばってドコ？

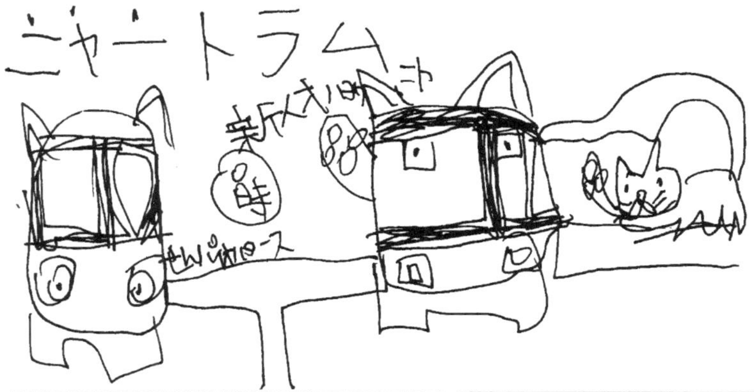

2018年4月1日、市営地下鉄は「大阪メトロ」という名前に……

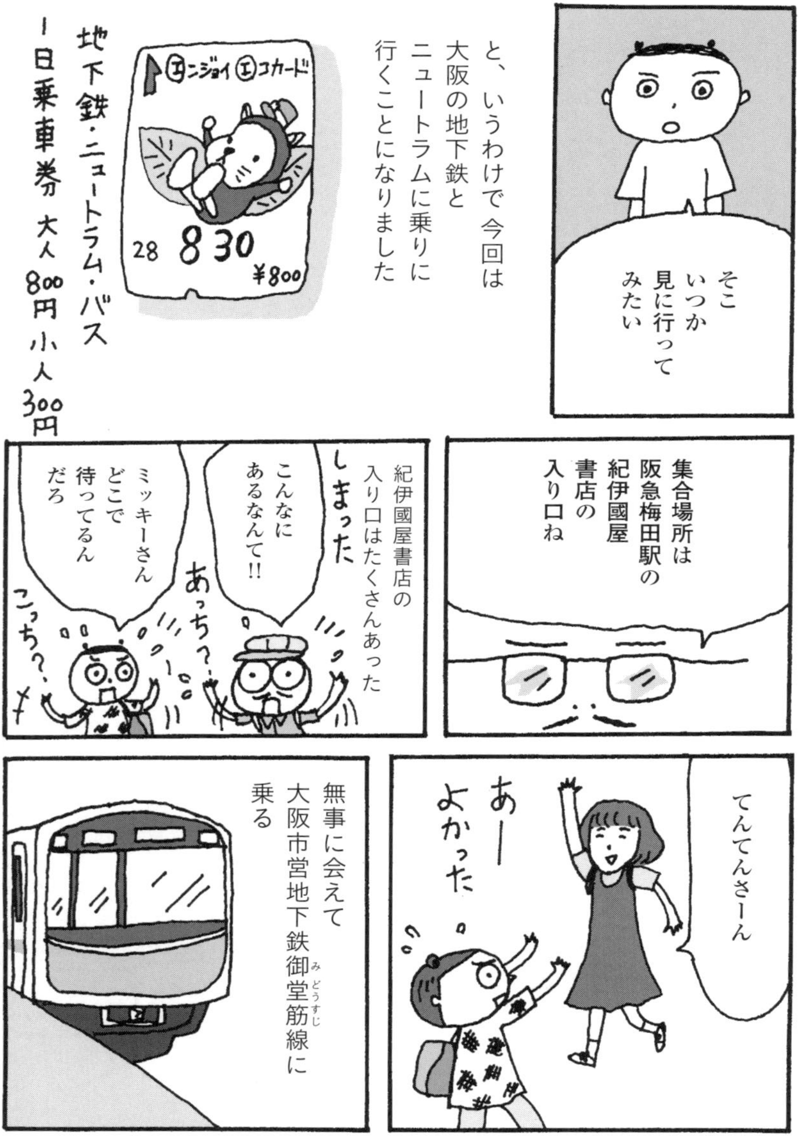
そこいつか見に行ってみたい
と、いうわけで今回は大阪の地下鉄とニュートラムに乗りに行くことになりました
エンジョイエコカード
28 8 30
¥800
地下鉄・ニュートラム・バス
1日乗車券 大人800円 小人300円
集合場所は阪急梅田駅の紀伊國屋書店の入り口ね
紀伊國屋書店の入り口はたくさんあった
しまった
こんなにあるなんて!!
あっち？
ミッキーさんどこで待ってるんだろ
こっち？
てんてんさーん
あーよかった
無事に会えて大阪市営地下鉄御堂筋《みどうすじ》線に乗る

御堂筋線は大阪で一番乗客数が多い地下鉄だそうです
いつも混んでるイメージ
でも東京の地下鉄にくらべたらマシだよ
ツレは東京メトロで通勤してるとき
ドアに手をはさまれた
ドアにネクタイをはさまれた
ネクタイピン
手のときはムリヤリ中に入れたけど
ネクタイのときはひっぱるとネクタイピンが取れちゃうから次の駅までそのままだった
東京の満員電車は大変ですよね
ホントに
大変でした

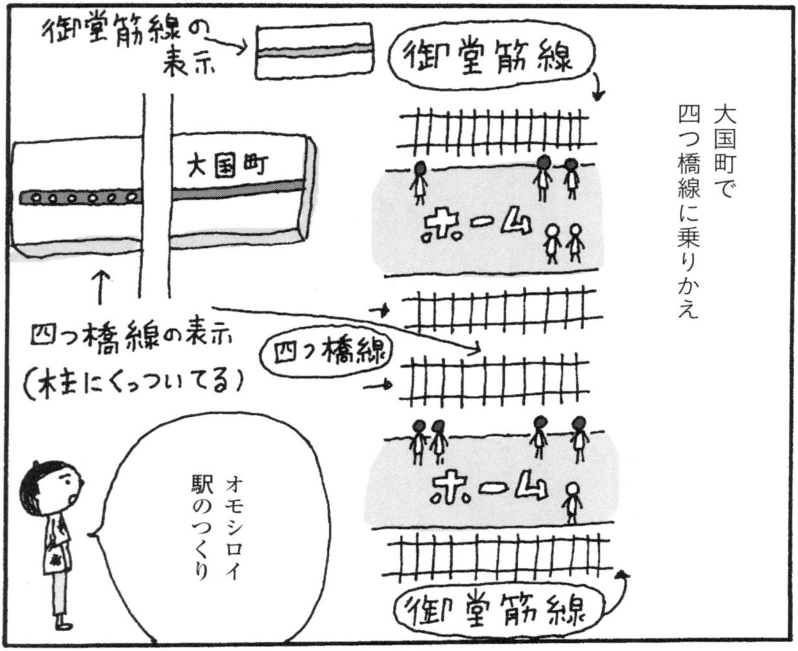
大国町で 四つ橋線に乗りかえ
御堂筋線の表示
御堂筋線
大国町
四つ橋線の表示 (柱にくっついてる)
四つ橋線
ホーム
ホーム
御堂筋線
オモシロイ 駅のつくり

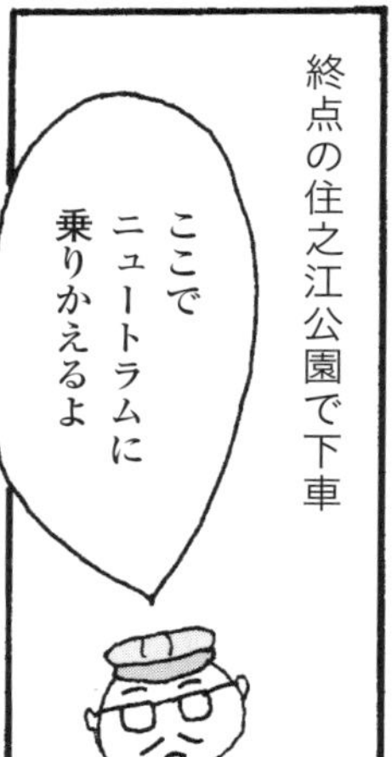
終点の住之江公園で下車
ここで ニュートラムに 乗りかえるよ

ちーと君 ニュートラム って何？
何って 新交通システム だよ
新交通システム って何？
何って…

電車っぽいものだよ!!
それ以上知らんっ
ものすご一く長いエスカレーターを
のぼると
落ちたらタイヘン!!
ですねっ
ニュートラムのりば
あ、そうか新交通システムって東京のゆりかもめと同じか!!
ゆりかもめ
ニュートラム

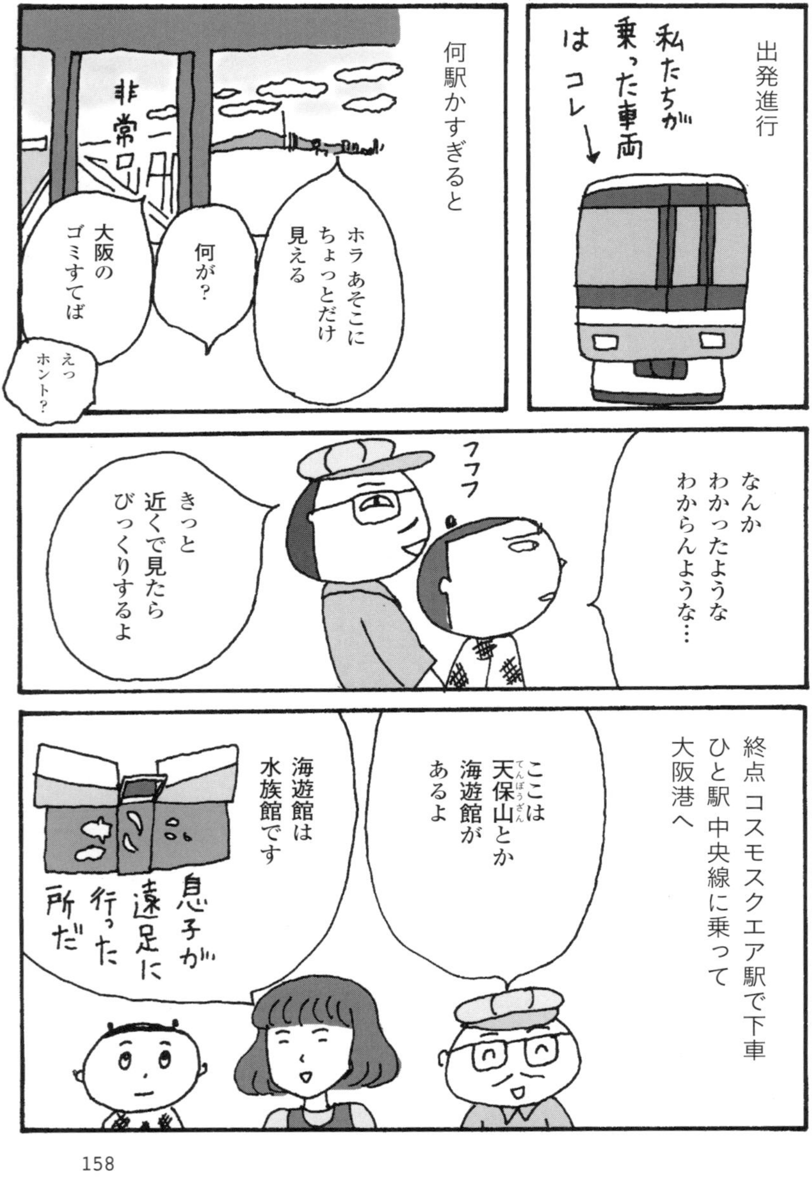
出発進行
私たちが乗った車両はコレ
何駅かすぎると
非常口
ホラあそこにちょっとだけ見える
何が？
大阪のゴミすてば
えっホント？
なんかわかったようなわからんような…
フフフ
きっと近くで見たらびっくりするよ
終点コスモスクエア駅で下車
ひと駅 中央線に乗って
大阪港へ
ここは天保山《てんぽうざん》とか海遊館があるよ
海遊館は水族館です
息子が遠足に行った所だ

天保山マーケットプレースというショッピングモールでお昼ゴハン
オレはまぐろが食べたいすしがいい
息子の希望で回転寿司に
北条鉄道の旅で回転寿司屋に行ってまぐろが好きになったらしいです
オレは昨日こんな夢を見たんだ
とっても大きなおにぎりを食べてるんだけど中身はまぐろ
なんでまぐろ!!と思ってたら実はすめし!!それはまぐろすし風おにぎりだった!!
息子がどれだけまぐろすしを食べたかったか？の話を聞きながらお昼ゴハン
オレはしょうゆはつけない!!
まぐろ三皿食べた
なぜかうどん

ちーと君、そんなにまぐろが好きならウチでおさしみ買って手巻きずしにして食べたら山ほど食べられるよ
……
無言
それではダメらしい……
よし!! 次は天保山の山頂めざして歩くぞ
山頂?
山頂なんてありましたっけ?
天保山公園にはたくさん人がいた
なにっこれっ
こんなに人がいるのはじめて見た!!
こっこの人の群れは!!
キラーン

たぶん「ポケモンGO」ですね
ここにいる人たち全員!?
へー
私たち全員やってないので
わからない
この日の夜のニュースでポケモンGOのおかげで天保山公園のお客が増えたと言ってた
ここが天保山の山頂
日本一低い山
天保山山頂/4.53m
三角点
4.53m? 低っ
えっ
へー天保山てホントに山だったんですね
↑大阪出身
ここから渡し船に乗るよ
桜島
天保山
ココにゴミすてばがあるよ

大阪市には渡し船がいくつもあります。ほとんど大正区に集中している

向こう側に行きたい人が乗る無料の渡し船
わくわく
川のあっち側にあるのかぁ
自転車の人もいる
到着
どこにあるの？
アレ？
アレ？"
アレ？
おかしいなっ
ん？あれは？
ゴー
キャー
あれはUSJ…ユニバーサル・スタジオ・ジャパンですよ!!
へえ!!アレが有名なっ
USJは見られたけど、ゴミすては見られませんでした
アレ？
おかしいな？
ポケモン探してる人みたいになっちゃったね

フンデルトヴァッサーという芸術家の設計による豪華絢爛《けんらん》なすごいゴミ処理場があったのは、桜島ではなく舞洲でした…

叡電に乗って てんぐに会う旅

スーパー

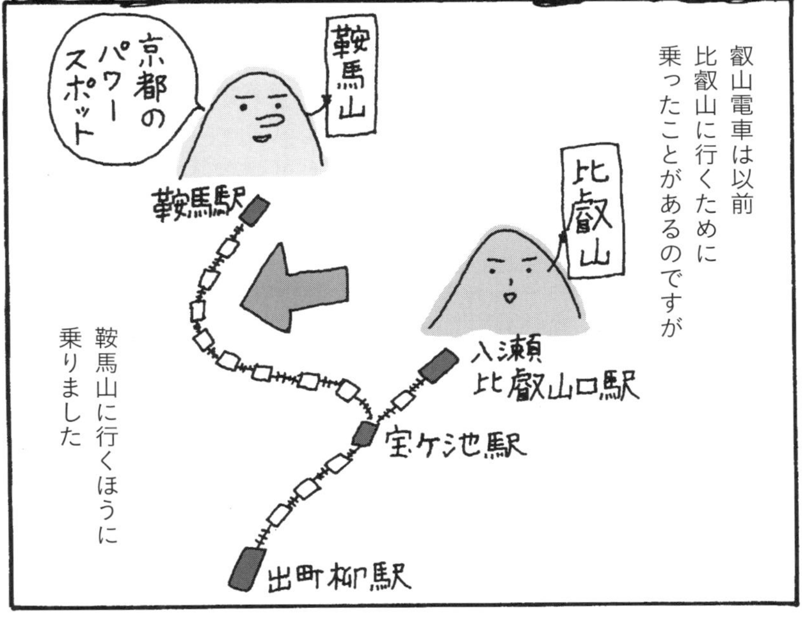
叡山電車は以前
比叡山に行くために
乗ったことがあるのですが
比叡山
鞍馬山
京都のパワースポット
鞍馬駅
八瀬比叡山口駅
宝ケ池駅
出町柳駅
鞍馬山に行くほうに
乗りました

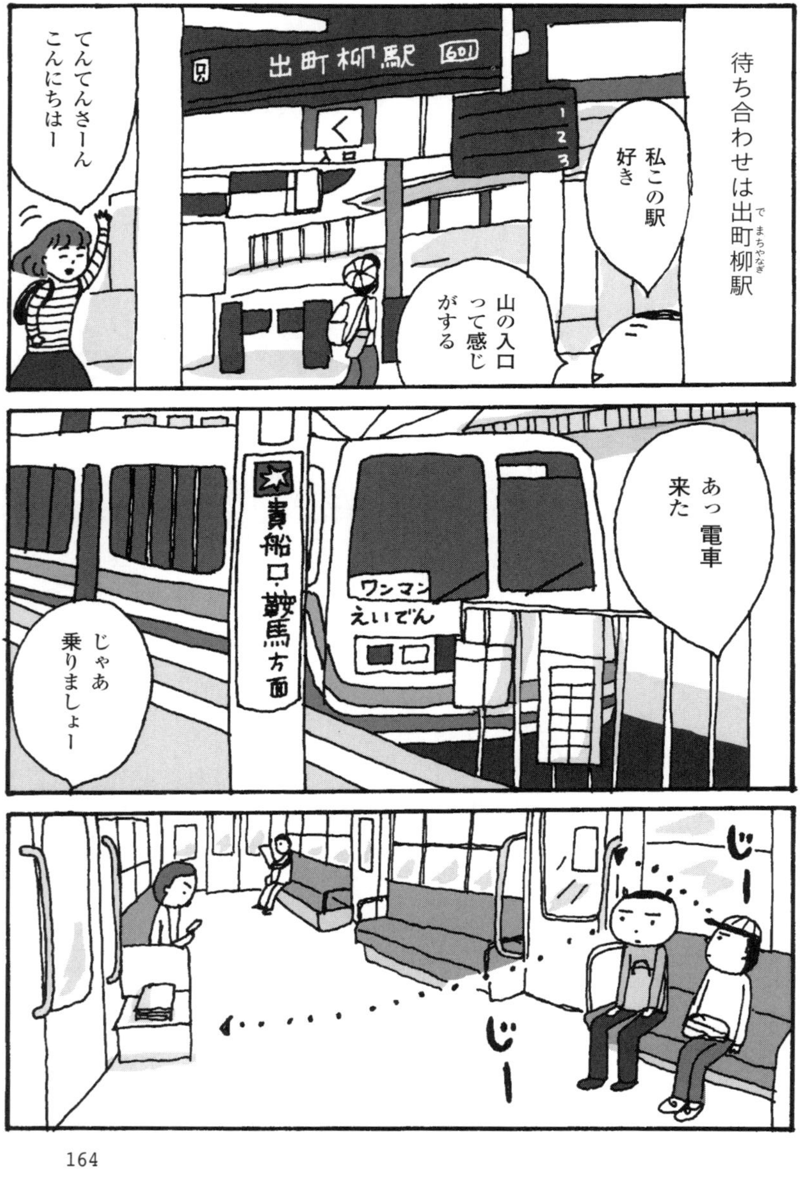
出町柳駅
601
待ち合わせは出町柳《でまちやなぎ》駅
私この駅好き
山の入口って感じがする
てんてんさーんこんにちはー
あっ電車来た
貴船口・鞍馬方面
ワンマン
えいでん
じゃあ乗りましょー
じーー
じーー

ハハー見て そのドア締切って 書いてある
締切
開かないんだったら 何のために あるの？
いやいや 途中の駅で 開かないって ことじゃない？
あ、そうか
じいいい
それよりハハは あのチラシ置き場 のようなスペースが なぜあるのか気になる
そういえば 叡電の沿線って 学校がいくつか あるんですよね
そうですね、 学校 ありますね
茶山駅
京都造形芸術大学
あ、一度 まんがの授業で しゃべらせて もらった ところだ!!
あの時は タクシーで 行ったからな
京都精華大前駅
京都精華大学
まんが家の 竹宮惠子先生が 学長をしてた 大学だね
まんが関係が多い？ たまたま？

2018年3月で退任されました

そして
叡電は無人駅が多い
乗るとき
降りるとき
立派な
ICカード
専用の
機械が
ホームに
ある
30分かけて
終点 鞍馬駅に到着
天狗の山 鞍馬へようこそ
わっ
てんぐだ
レトロな空間
の駅だ
私の好み
駅を出ると
でっかいてんぐの顔

ホントにてんぐがいたらどーする？
なわけねーだろ
それよりアレ見てあそこに江ノ電みたいな車両がある
えっどこ？
うす暗くて見えない
あっホントだー
1994年まで活躍した叡電の車両がひっそりと置いてありました
21
なんで電気つけてんの？
そりゃー気づいてもらえるようにでしょ
鞍馬寺に行くまでのおみやげ屋さんにはいろんなてんぐグッズが売ってました
ねーホントにてんぐがいたらどーする？
なわけねーだろ

鞍馬寺に到着
この日は台風が近づいててけっこうな雨がふってた
ここは狛犬《こまいぬ》じゃなくて阿吽《あうん》の虎《とら》なんだね
ホントだー虎だー
オレはもう雨にぬれたくないな
帰りたい

ここにはお寺が運営してるケーブルカーがあるんだよ
お堂の2階ケーブルのりば
ケーブルのりば 二階へ
↑ケーブルのりば
こんなところに!!
これは来てみないとわかんないですね
ケーブルカーで多宝塔《たほうとう》へ
2分
山の上はもっとひどい雨
多宝塔
どーする?
ここまで来たんだし歩こうよ
そうですねぇ
やだ!! オレは雨にぬれたくないっ
うっ
むむむ
今日に限っては正論だ……

鞍馬山でてんぐと修行をしていたと伝えられるのは牛若丸。将来の源義経です

大人たちだけで弥勒堂でお参り
えっ
えっ
おさいせん
ここお寺ですよね神社形式のお参りの仕方でいいのかなぁ？
さっ戻りましょうかっ
てんぐはいないってわかってるけど
人間にさらわれてたらどーしよう
ケーブルのりば
いたっ
ホッ
ちーと君てんぐに会わなかった？
さっ
すっ
なわけねーだろ
行くぞっ

帰りは思いがけず観光列車
あ、これ知ってる「きらら」だよ
ワンマン

座席が窓側を向いてて景色を楽しめてウレシイ
雨だけどこういうのに乗れてラッキーだったね

もみじのトンネルはまだ緑だったけど
京都のパワースポットで日頃の欲を雨に流せた旅でした

能勢電で星の山と銀河鉄道の旅

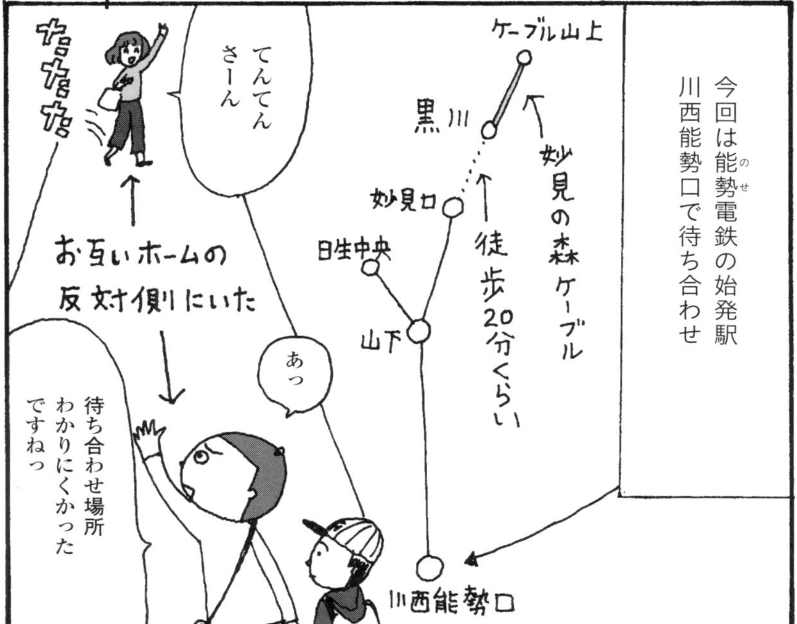

里山便は2017年3月でお役目を終えました…

宗教学者・釈徹宗《しゃくてつしゅう》先生の
お寺に行こうとして、地図で見たら
この駅が一番近かったので
降りて行ったら
鼓滝
如来寺
間に山がひとつあって
1時間歩いたんだよね
鼓滝
如来寺
思いがけず楽しい山登りができてよかったんですよ
イヤイヤ私はどーなっちゃうんだろうってドキドキしてたよ
妙見口《みょうけんぐち》駅到着
わーたんぼが段になってる
柿がいっぱいなってるー
駅に降りると里山の風景

次のケーブルのりばまで徒歩20分くらい
ちょっと薄ぐもりで
歩くのにちょうどいいね
柿、よかったらどうぞ
ありがとうございます
なごやかにぶらり歩きを楽しむ私たち
アレ？ちーと君がいない
ちーと君何してんのちゃんと歩いてっ
止まってる
オレはこんな坂道歩きたくない
がんばって歩こうよー
ぎゅうー
お地蔵様のように動かない

ぎゅう〜
お願いだから進んでよー
ずずず
ハァハァ
ずずず
楽しいぶらり歩きが
修行のようになってしまった
ケーブルのりば到着
うわーとってても急な斜面登っていくんですねぇ
お腹へった
ケーブルに乗りおやつを食べながら山頂へ

今から行く妙見山の妙見という名前には北極星の意味がある
ここは北極星信仰の聖地なんだよ
妙見山には北極星の神様である妙見大菩薩がまつられてる
で、妙見山にはシグナス森林鉄道という銀河を走る鉄道があるよ
えっ銀河を走るんですか?
ボリボリ
フフフ それは着いてからのお楽しみ
山頂駅に着くと
がーーん
いろは坂
またけっこうな坂道
オレはこんな坂へっちゃらだね
おやつでエネルギーチャージ
すたすた すたすた
ヒーヒー
それなら今度はハハの背中を押してくれ〜
声が出せない

坂道を10分のぼる
着いたー
ゼー ゼー
リフトー 座りたいー
ハー ハー
ふだん 山登りで きたえてるから 平気
吸いこまれるように リフトに乗る
足元には コスモス
この リフトが とっても 長い
まだまだ
じっと してると寒い
やっと着いた
さっ シグナス 森林鉄道は どこ?
銀河鉄道は どこ?
キョロ キョロ
もしかして
リフトに 乗る前の場所に あったんじゃない?
はっ
すぐに 引き返す
帰りも とっても長い
でも「行き」のが 長く感じたな

シグナス森林鉄道
リフトのりば
隣にあった
私たちこれが見えないくらい坂道で疲れてたんだね
早く早く
のりたいっ
実は息子はシグナス森林鉄道が大好き
これで乗るの3回目
だったら最初ちゃんと歩けばいいのに
まァまァ
子どもってそーゆーもんですよ
シグナス森林鉄道、シグナスは「はくちょう座」の学名
はくちょう座
デネブ
天の川
こと座
わし座
ベガ
アルタイル
七夕伝説にちなんでアルタイル駅とベガ駅の間をはくちょう(シグナス)がみんなの幸せを願って行き来してる

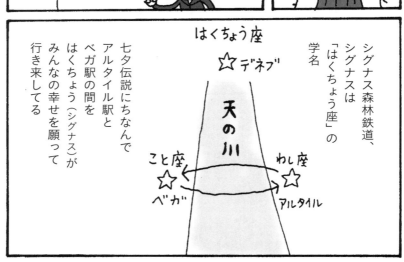

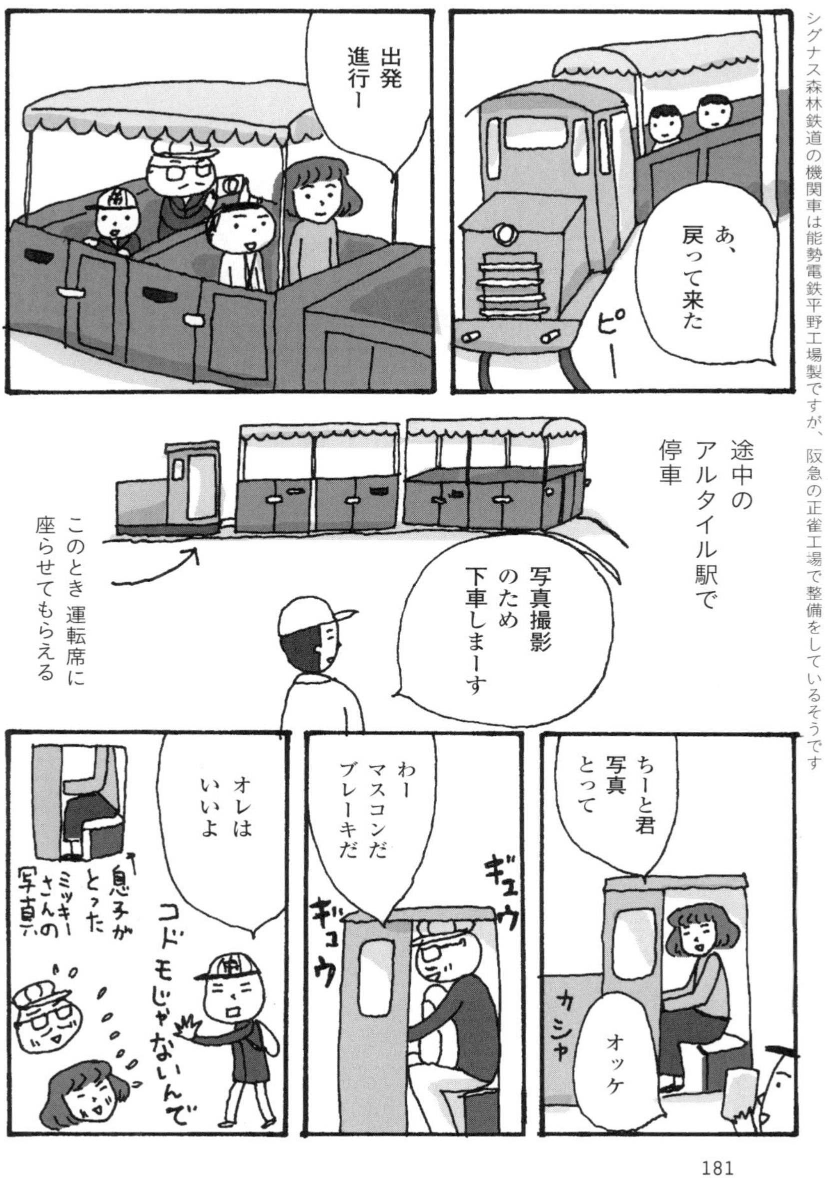
シグナス森林鉄道の機関車は能勢電鉄平野工場製ですが、阪急の正雀工場で整備をしているそうです
あ、戻って来た
ピー
出発進行ー
途中のアルタイル駅で停車
写真撮影のため下車しまーす
このとき運転席に座らせてもらえる
ちーと君写真とって
オッケ
カシャ
わーマスコンだブレーキだ
ギュウ
ギュウ
オレはいいよ
コドモじゃないんで
↑息子がとったミッキーさんの写真

うどん研究所という名前のうどん屋さん。兵庫県産の材料を使っていますが、さぬきスタイルです

沿線のおすすめ情報

本文掲載以外にも、
楽しいところがいっぱい！
おすすめ情報をまとめました。

（文・編集部）

近鉄電車のおすすめ

〈ススキの名所〉

自然豊かな近鉄沿線、なかでも秋はススキがとっても綺麗。「曽爾《そに》高原」は、奈良の東北端に位置し、三重県境に接する曽爾村にある高原です。「名張駅」からバス（期間限定で直行バス有り）で45分かかりますが、一面に広がるススキはまさに絶景。サンビレッジや、曽爾の食材を生かした料理を味わえるレストランや温泉もあるので、ご家族でのお出かけにも。

「近鉄御所駅」からバスに乗り、葛城《かつらぎ》山ロープウェイ山上駅にある「葛城高原」もススキの名所として知られています。

叡山電鉄のおすすめ

〈紅葉〉

「貴船口駅」にある「貴船神社」は、水の神様を祀《まつ》る神社で、縁結びでも有名。紅葉もとても綺麗です。また、本文にも登場する「鞍馬寺」の山を越えたら、貴船に下りることも可能です。叡山ケーブル「ケーブル八瀬駅」横には、「八瀬もみじの小径」というかくれた紅葉の名所も。「八瀬比叡山口駅」から徒歩5分です。

また、叡山本線（出町柳～八瀬比叡山口）には、2018年3月21日から新しい観光用車両「ひえい」がデビュー。目を引くデザインが特徴です。

能勢電鉄のおすすめ

里山と自然

本文にも登場する「妙見《みょうけん》の森ケーブル山上駅」には、降りてすぐに足湯スポット「山上の足湯」があります。足湯に浸かりながら、山上から見下ろす里山の景観が四季折々美しい。このケーブルがある黒川地区の里山は、歴史が古く、昔ながらの景観や炭焼き（「一庫炭《ひとくらずみ》」と呼ばれ、品質も有名）、生息している生き物の多様性などから「日本一の里山」と呼ばれています。

「妙見の森」周辺のエドヒガンの群落は、川西市の天然記念物の指定を受けています。「妙見の森ふれあい広場」にあるエドヒガンの大木は「出会いの妙桜」と命名され、この美しい桜のもとで、多くの人に素敵な出会いがありますようにとの願いが込められています。

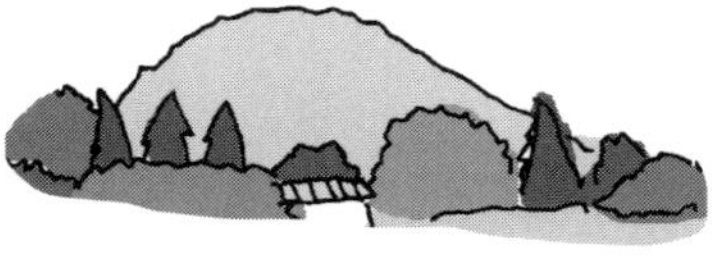

南海電鉄のおすすめ

加太さかな線

和歌山県の北西端、大阪と和歌山の県境にある紀ノ川《きのかわ》駅〜加太《かだ》駅を走るのが、南海電鉄加太線。通称「加太さかな線」です。加太さかな線の終点・加太は、古事記や日本書紀にも登場する歴史のある港町。海水浴場や温泉もあります。加太さかな線には「めでたいでんしゃ」という鯛をモチーフにした観光列車が走っているんですが、これがとっても可愛い。ピンク色と水色の2色があり、外観も内観も異なります。つり革がさかな型だったり（しかも木の素材でできてる!）、座席シートもオリジナル柄で、乗りに行くだけでも楽しいです。

冬の巻

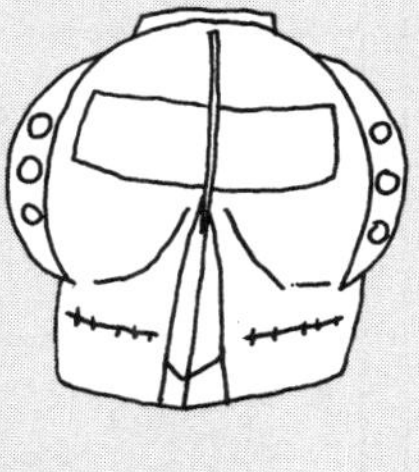

師走の巻 阪神線で年末を

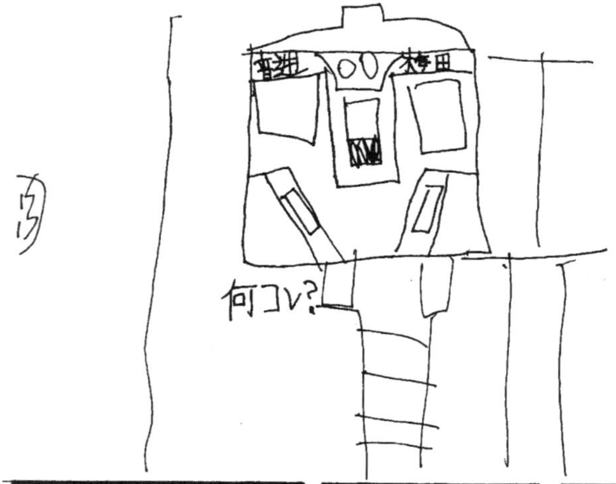

普通
梅田
何コレ?

1カ月前
次は
阪神線に乗るよ
えっ
阪神線なの?
ヤッター
ヤッター
ヤッター
その日から
毎日
本を見て
勉強する
息子
↑鉄道ムック

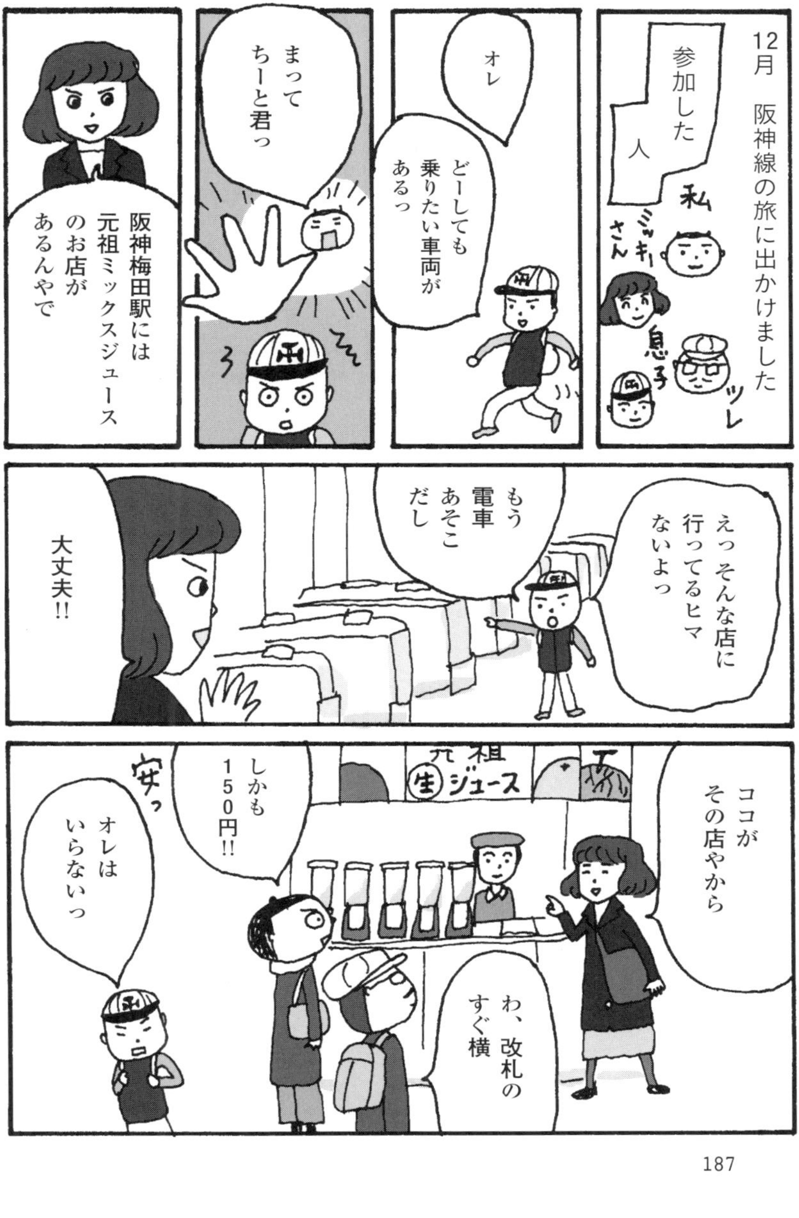

12月 阪神線の旅に出かけました
参加した人
私
ミッキーさん
息子
ツレ
オレ
どーしても乗りたい車両があるっ
まってちーと君っ
阪神梅田駅には元祖ミックスジュースのお店があるんやで
えっそんな店に行ってるヒマないよっ
もう電車あそこだし
大丈夫!!
ココがその店やから
わ、改札のすぐ横
元祖
生 ジュース
しかも150円!!
安っ
オレはいらないいっ

ミックスジュースはすごくおいしい。隣接する阪神百貨店地下の「イカ焼き」も有名です

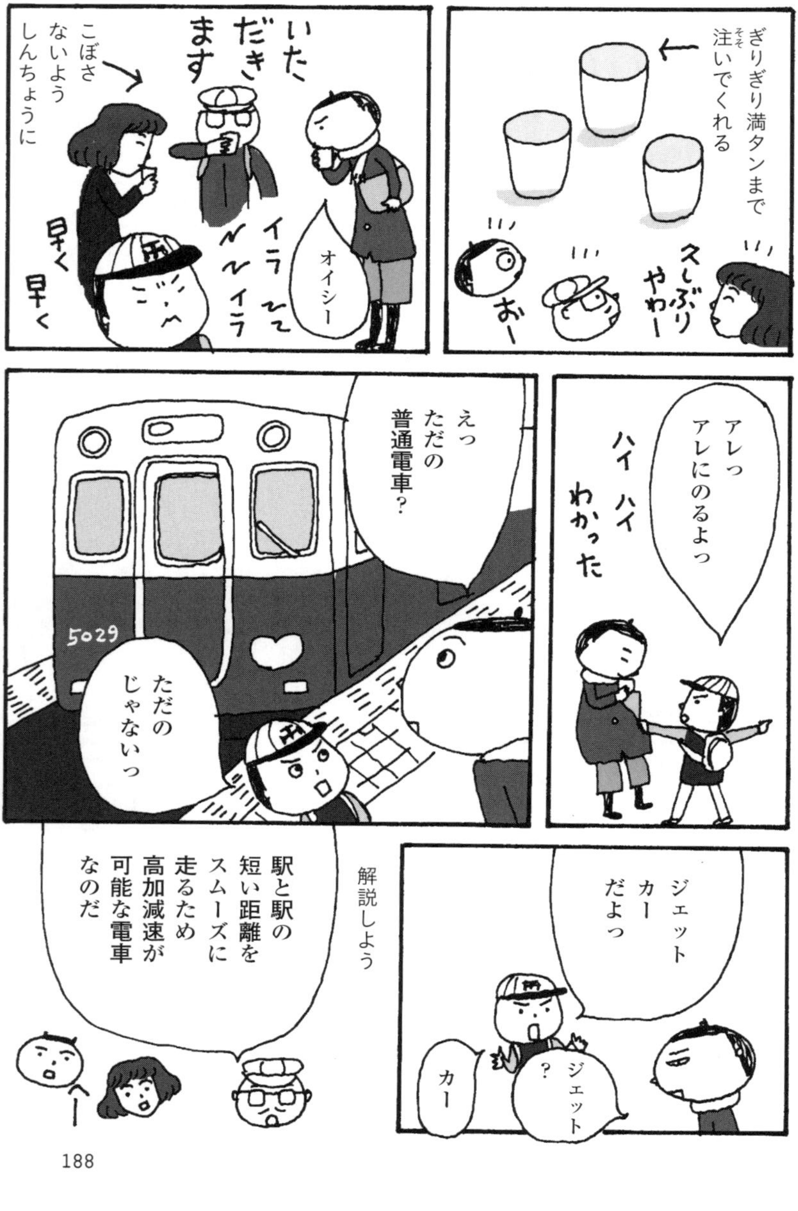

ぐぃーん
ホラっ
一気に加速するでしょ？
次はー福島ー
うぃーん
ホラっ
加速したのにもう減速してるよ
ジェットカーすごいでしょ？
ホ…ホンマやなぁスゴイなぁ
ウンウン
ツレもジェットカー好き
次はー尼崎《あまがさき》ー
ここで両側のドアが開くかもっ
えっなんで？
プシュー
プシュー
あ、開いた

こっちのホームから乗ってきた人が
こっちのホームに行く
まさかの電車の中が通り道っ
うそっ
次に来る直特（直通特急）に乗りかえるためだよ
そんなっ
そりゃー階段おりてまたのぼってくるより早いけどさっ
そんでこの先の武庫川駅がまたすごいよ
えー川の上にホームがある〜
ホームが橋？橋の上にホーム？
駅
川

ヨソイキ・モード…近鉄との相互直通運転用に開発された車両（1000系）

マルーン色…阪急電車の車両に使われる、赤ワインのような色

阪神甲子園球
わーこれが高校球児のあこがれの場所かー
名物のツタは枯れてるけど
甲子園歴史館
M OF HANSHIN
甲子園歴史館
甲子園のことがわかる歴史館に行ってみましょう
へー松坂投手の着てたユニフォームだって
PL GAKUEN
こっちは清原選手だ
あ、マー君が勝ったときの試合!!
わーなつかしー
名勝負と呼ばれた過去の大会の映像を見られる
館内は高校野球ゾーンと阪神タイガースゾーンに分かれています
ちーと君がいつもかぶってるのと同じようなのがあるね
息子のはもう入手できない古いデザインのぼうし

バックスクリーンから球場をのぞきました
うわーやっぱり広いねぇ
ここでマウンドに立って勝負するのはスゴイな
こういうのぞき穴から見る
おなかすいたー
え
何が食べたいの
ラーメンとかブタまんとか
ラーメンはいいとしてブタまんは食べたことないだろう…
よしっじゃあ神戸の中華街に行こう!!
えっ中華街?私行ったことないっ
というわけで直特に乗って終点の元町《もとまち》へ

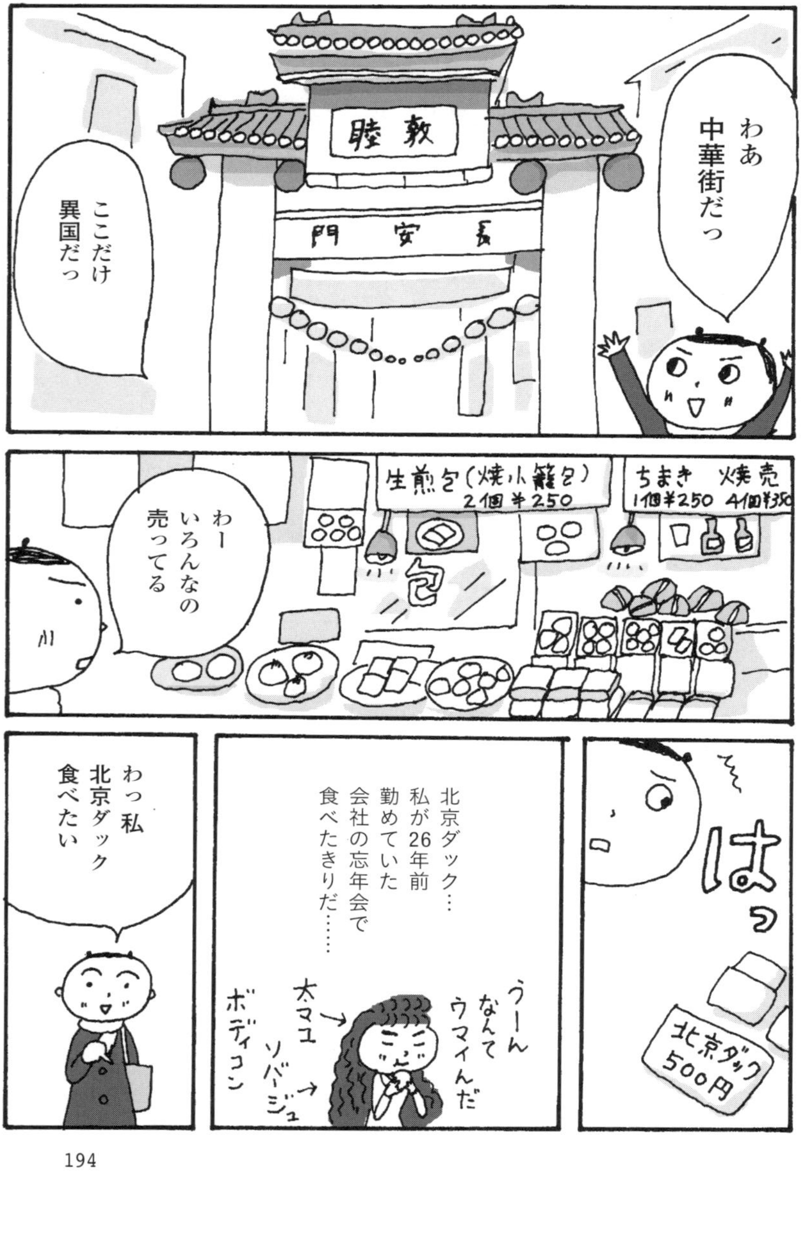
敦睦
長安門
わあ中華街だっ
ここだけ異国だっ
生煎包（焼小籠包）
2個￥250
ちまき 焼売
1個￥250 4個￥350
包
わー いろんなの 売ってる
はっ
北京ダック 500円
北京ダック… 私が26年前 勤めていた 会社の忘年会で 食べたきりだ……
うーん なんて ウマイんだ
太マユ
ソバージュ
ボディコン
わっ私 北京ダック 食べたい

息子
ブタまん
私
北京ダック
ツレ
大根もち
ミッキーさん
角煮まん
私は26年ぶりの北京ダックを堪能《たんのう》し
ウマイ
オレ これに入ってる ネギなら 食べられる
じまん
息子ははじめて ブタまんを 完食した
じゃー そろそろ 帰ろっか
えっ
夜のルミナリエが 点灯する前に 阪神電車の旅は 終了しました
一度見てみたいな

新春　空飛ぶじゅうたん
大阪モノレール

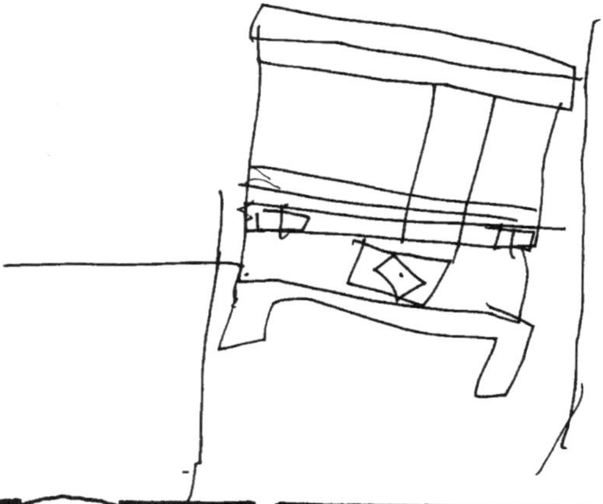

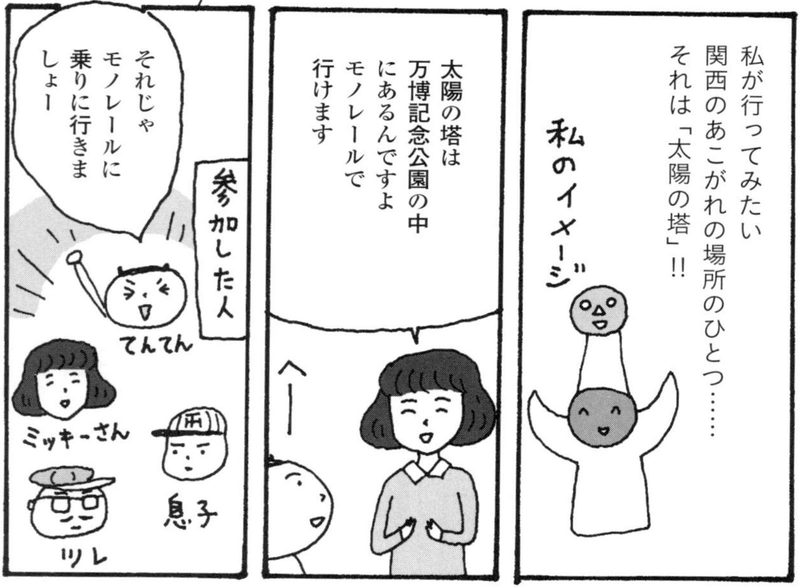
私が行ってみたい
関西のあこがれの場所のひとつ……
それは「太陽の塔」!!
私のイメージ
太陽の塔は万博記念公園の中にあるんですよ モノレールで行けます
へー
それじゃモノレールに乗りに行きましょー
参加した人
てんてん
ミッキーさん
息子
ツレ

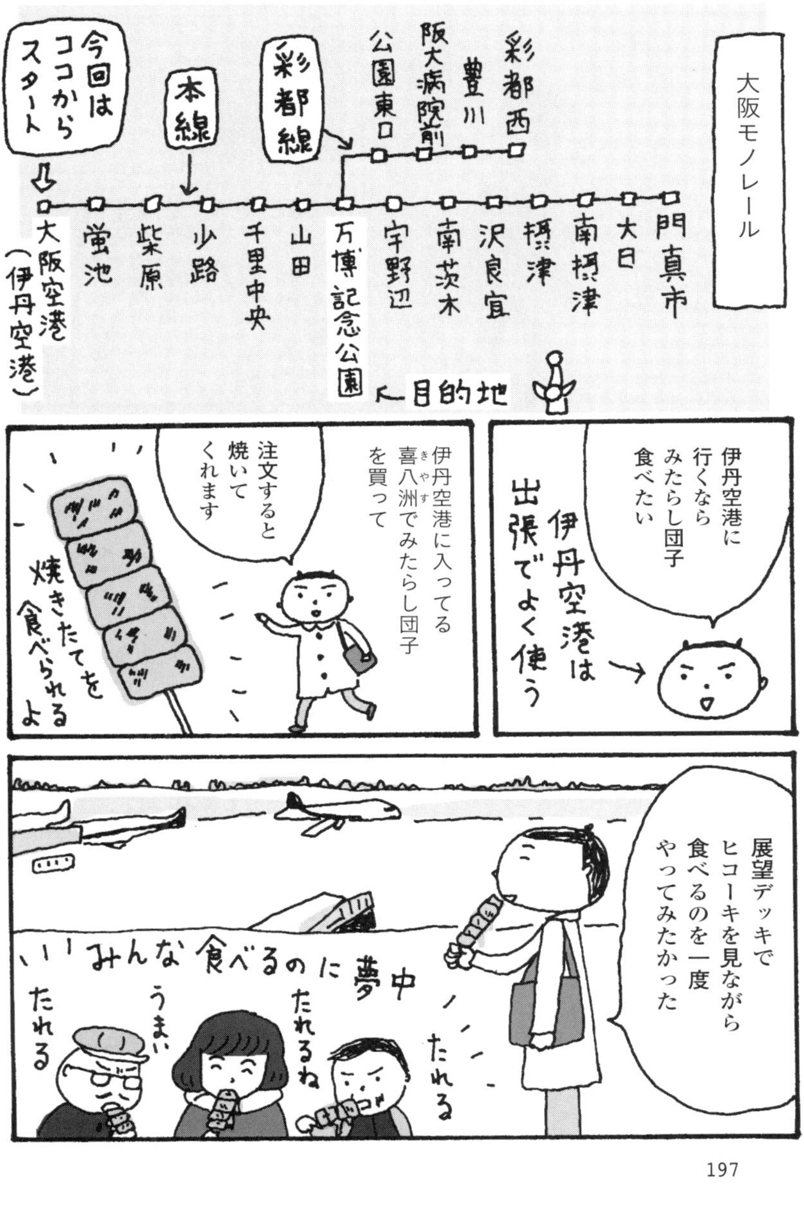
大阪モノレール
門真市
大日
南摂津
摂津
沢良宜
南茨木
宇野辺
万博記念公園
山田
千里中央
少路
柴原
蛍池
大阪空港（伊丹空港）
彩都西
豊川
阪大病院前
公園東口
彩都線
本線
今回はココからスタート
目的地
出張でよく使う伊丹空港は
伊丹空港に行くならみたらし団子食べたい
伊丹空港に入ってる喜八洲《きやす》でみたらし団子を買って
注文すると焼いてくれます
焼きたてを食べられるよ
展望デッキでヒコーキを見ながら食べるのを一度やってみたかった
みんな食べるのに夢中
たれる
たれるね
うまい
たれる

私がずっと抱いてきたギモン
大阪モノレール　大阪空港駅
なんで大阪空港なのに伊丹空港って呼ぶんでしょうね
それは私にもわかりません
モノレールを待ってるとき
私、小さい頃ここから落ちたらどーしようってモノレール乗るときドキドキしてました
ココ
えっどーゆーこと?
ひゃあ
自分ではのぼってこられないんだ
すごーく深い
ここに落ちたらどうすればいいか書いてあるよ
待避所にいるか伏せたままで救助を待つ
待避所
50cm
リュックをしょったままではダメだということだね
そりゃそーだよ
一瞬でリュックを降ろして避難しなくちゃ!!

戦後アメリカ軍に接収され、「イタミ・エアベース」と命名された名残りだそう。「伊丹空港」は通称

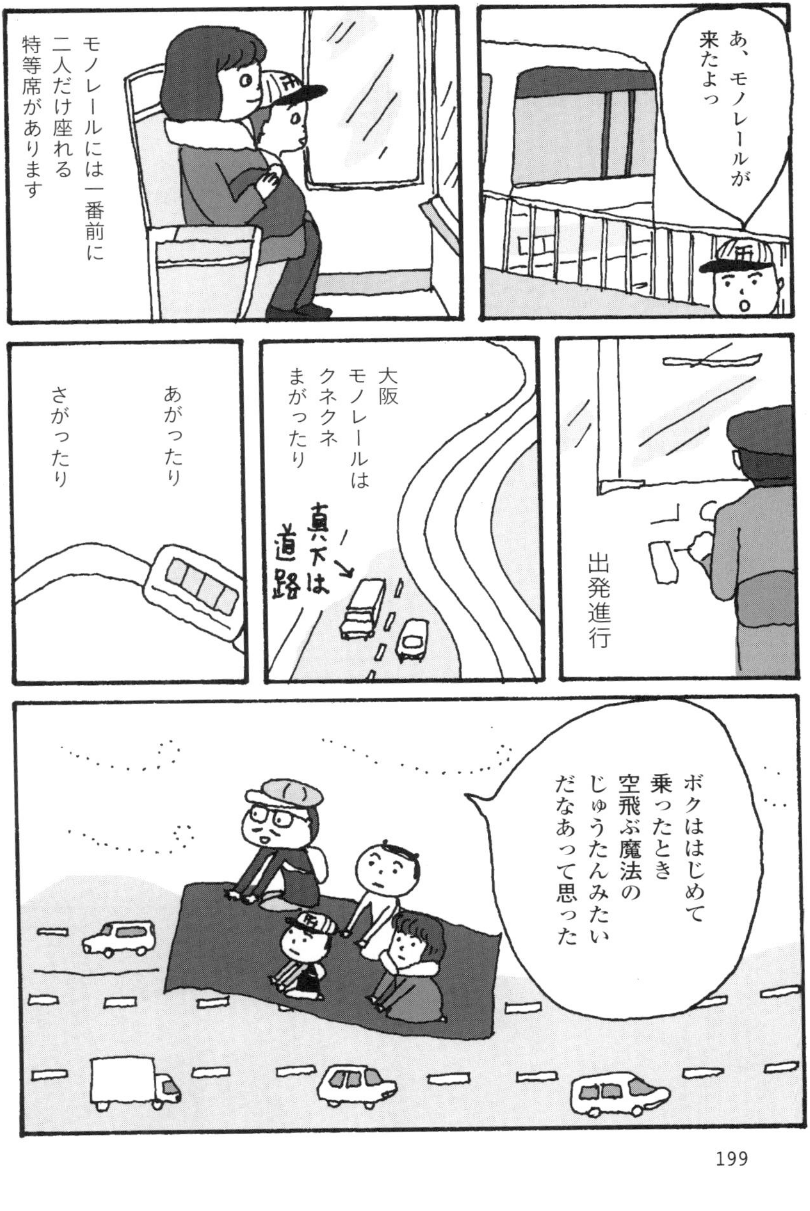
あ、モノレールが来たよっ
モノレールには一番前に二人だけ座れる特等席があります
出発進行
大阪モノレールはクネクネまがったり
真下は道路
あがったり
さがったり
ボクははじめて乗ったとき空飛ぶ魔法のじゅうたんみたいだなあって思った

ホラ 太陽の塔が見えたよ
えっ アレなの？
思ってたより猫背？
そうなんです 太陽の塔はそうとう猫背ですよ
でもその前に一度彩都《さいと》線に乗りかえて、終点まで行ってみていいですか？
そっち方面行ったことがないんです
というわけで万博記念公園は通りすぎて
お楽しみは後のほうがより楽しい
終点、彩都西へ
すごくたくさんマンションが建ってるね
ここは山を切り拓いて作った新しい街なんです
こういうところなんですねー
アレをすべりたい

彩都西駅の横の公園にある巨大ローラーすべり台で遊ぶ3人
ガラガラガラガラ
慎重にゆっくり進む
しりがいてー
あついっおしりがまさつであついっ
やっぱりタイヘンそうだっ
あっちの遊具バッタの形してる!!
ホンマや
きこえるー?
パラボラ集音器がついてて遠くの人と話せる
きこえるでー
さんざん公園で遊んでまたモノレールに乗る
いよいよ太陽の塔だ!!
わくわく
オレおなかすいたー
がくっ
それじゃ駅に着いたらお昼にしよーか

新しくできた
ショッピングモールの
エキスポシティは
平日なのに大混雑
まだ学校は
冬休み
だからねぇ
駅前にあった
コロッケバーガー屋さんで
お昼ゴハン
コロッケ
バーガー
セット
あげたて
のコロッケ
おいしい
あちーけど
ウマイ
あちっ
あちっ
あちい
万博公園に行く途中
下からモノレールが見られる
モノレールの
線路
通
路
あっ
来たっ
イモムシが
こーやってかかえて
進んでる
かんじ
カワイイ

いよいよ万博記念公園
入口のすぐ
目の前に
どーーん
本物だあー
じーん
大きい!!
オレはあっちの
どんぐりが
気になるから
そっち行く
がくっ
えっ
どんぐり?
どんぐり
って何!?
太陽の塔より
面白い
ものなの!?
どんぐりの
正体は
巨大ローラー
すべり台
だった
また?
どんぐり
しょーがないね
これに勝てる
ものは
ないかもね
ボクは
もういい
私も
もういい

ゴロ
ゴロ
ゴロ
ゆっくり
慎重に
進む
なぜか
正座
おもしろ自転車コーナー
ちーと君
次は隣の
おもしろ自転車
乗りに
行かへん？
わー乗りたい
私らもう
10年以上自転車
乗ってないけど
こげるかな
わー楽しい
車自転車
すぐ追いつくでー
キコッ
けっこー太モモにくる!!
キコッ
キコッ
犬自転車
しゃ
バナナ自転車
息子
生まれて
はじめて
自転車に乗る
タコ自転車
ためしにフツーの
自転車も
乗らせたら
キンチョーして
乗れなかった

その後 太陽の塔の裏側を見に行く
裏は黒い太陽なんだ
下から見上げる
太陽の塔をぐるっと回って見てたら雨が急にふりだして
ありゃ雨!!
ざー
虹が出ました!!
わああ太陽の塔から虹が出てるみたい!!
新年からこれは縁起がいいですね
帰るぞ
キョーミなし
なんだかおめでたい感じのモノレールの旅でした

春節の候

関西空港に行って なぜか 船にのる

ホーム

ツレはスター・ウォーズ好き
ラピートにスター・ウォーズ号ができたんだって
テレビでやってた
なにーっ乗ってみたい!!
というわけで南海電鉄の特急ラピートに乗りに行くことにしました
てんてん
ツレ
息子
ミッキーさん
参加した人

いつも南海なんば駅に行ったときの楽しみはラピート（とこうや）を見ることでした
↑一番右はしがラピート
↑この辺に高野
今日は見るだけじゃなくて乗れるっ
わくわく
わくわく

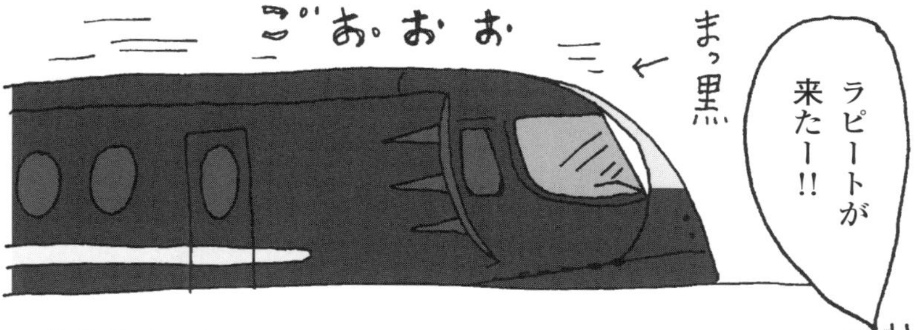

ごぉおお
まっ黒
ラピートが来たー!!

特急ラピート

「スター・ウォーズ／フォースの覚醒」号

運行期間：2015年11月21日（土）〜2016年5月8日（日）

昔、ラピートを見た外国の人が
ワオ ダースベイダー
って言ってたけど
ホントにダースベイダーになっちゃったねえ

車両の中には
あー R2D2《アールツーディーツー》!!
STAR WARS
私たちの席は窓の外側に文字が書いてある席
内側からは外がちゃんと見えた
どーゆー仕組みなんだろうね
へー ヒコーキみたいな荷物入れ
忘れ物をご確認ください の鏡
荷物入れの中に鏡がついてる!!
ホントだあ
ラピートはヒコーキをイメージした内装らしいですよ
それがスター・ウォーズにぴったりだね
ラピートは関西国際空港に行くための電車です
関空はじめて行く!!
オレも

海の上を走って空港まで行きます
空港
関空は広いねえー
JR
お腹すいてふてくされてる人がいるので
ランチタイム
肉うどん
かまたまうどん
ぶっかけうどん
親子丼と小うどんセット

次は船に乗る予定なんですけど
船？
ここから船が出てるんだよ
船でどこ行くの？
神戸空港
えっ
でもまだ船の時間まで1時間あるので展望デッキに行ってみませんか？
いいねえ
なんで空港に来たのにまた空港いくの？
新交通システム
そりゃあポートライナーにも乗りたいから
あーなるほど
納得→するか？

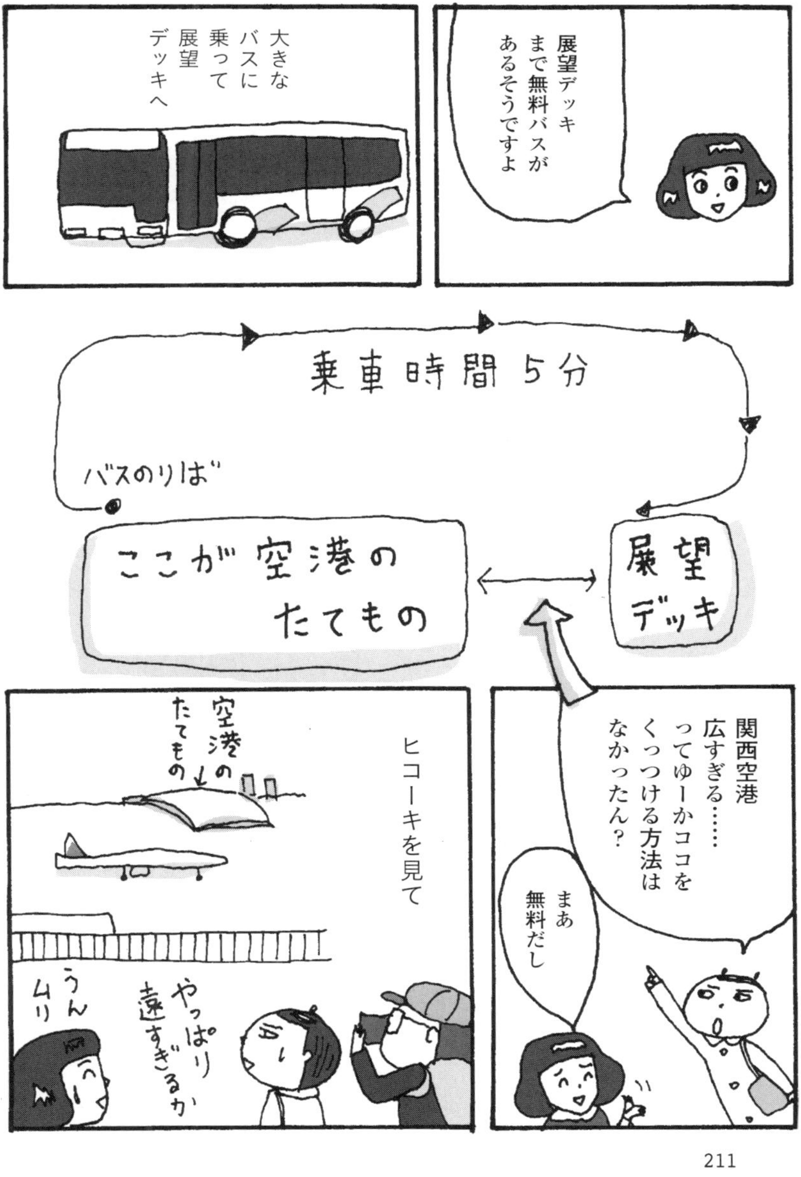
展望デッキまで無料バスがあるそうですよ
大きなバスに乗って展望デッキへ
乗車時間5分
バスのりば
ここが空港のたてもの
展望デッキ
関西空港広すぎる……ってゆーかココをくっつける方法はなかったん？
まあ無料だし
ヒコーキを見て
空港のたてもの
やっぱり遠すぎるか
うんムリ

またバスに乗る
帰りのバスは早かったんだけど
展望デッキ
空港のたてもの
船に乗るためのバスのりばがココで
展望デッキから帰ってきたバスが止まるのがココ
空港のたてもの
あと5分です!! 一番はしまで走ってくださいっ
バスのりばをはしからはしまで全速力で走る私たち
(2分くらい)
空港のたてもの
乗れた
今日の乗物率はすごいですね
ホントずっと何かに乗ってる
神戸-関空ベイ・シャトル「そら」
神戸空港と関西空港を結んでる船
わっ思ってたより小さい
そら

船に乗ったとたん
止まってるのにゆれてる!!
ゆら
ゆら
船のまん中が一番ゆれないオレは船酔い防止のために
シートベルトをする!!
カチッ
息子よ シートベルトで船酔いが防げるほど海は甘くないのだ
酔い止めもってくればよかったね
そして船とはゆれるものなのだ
ヴィイイイ
窓に打ちつける波
ピシャア
なぜかテレビで大河ドラマ「真田丸《さなだまる》」をやってたので必死に見て船酔いと戦う
父上のお考えは?
ハハー
はっ
オレ もう だめ
ぱたん
あと少しだがんばれっ
真田丸を見て気をまぎらわせるんだ!!

神戸空港に到着
息子よ 今日の神戸は私たちをやさしくむかえてくれるように感じるね
オレには何も見えない
この2人は全然平気そう
ポートライナーのりばまでバスで行きます
1分くらいしか乗らなかったのでセーフ
神戸空港は春節《しゅんせつ》のお祝いムードがただよっていた
春節…中国の旧暦のお正月
六甲山牧場のソフトクリーム食べて休けいしましょう
やったー

オレは復活したぜ
ハハもだよ!!
食べ物の力ってありがたいね
ポートライナーは新交通システムATO（自動列車運転装置）を使ってゴムタイヤで走ってます
運転手も車しょうもいない
一番前と後ろにお楽しみ席があります
うわーまるで自分が運転してるみたい!!
ポートライナーに乗り神戸の街を見ながら思った
やっぱり地面を走ってる乗り物が好きだな
改めて電車っていいなと思う旅でした

ツレコラム④

脱・電車好きの子ども

小学生になった息子は、ついに「オレ、電車はもういいや」と宣言してしまうくらいになりまして。別に嫌いになったわけじゃないけど、それほど好きでもない。息子の言い方を借りると「フツー」になったんだそうで。

そして、今は何が好きなのかというと、携帯ゲーム機で遊ぶゲーム、それからコドモ向けの漫画本など。これが頭の痛いところで、ゲーム機や漫画本を旅行に持って行くと、そちらばかり集中していて、親から見ると「大切な体験を逃してしまっている」ように見える。かといって、それらを取り上げると「暇だ」とかさんざん言われたあげくに、「気持ちが悪くなった」と乗り物酔いを訴えられたりする。電車の中でゲームやったり漫画読んだりしているほうが、よほど酔いそうな気がするんだけど、そうじゃないらしい。

いろいろ試行錯誤して、ゲーム機はダメだけど漫画本は良いとか、自分で描いた漫画やゲームだったら良いとか、あるいは全部解禁だとか、試してみました。そんなことをしているから「電車はもういいや」と言われてしまったのかもしれないな。

神戸電鉄で有馬温泉

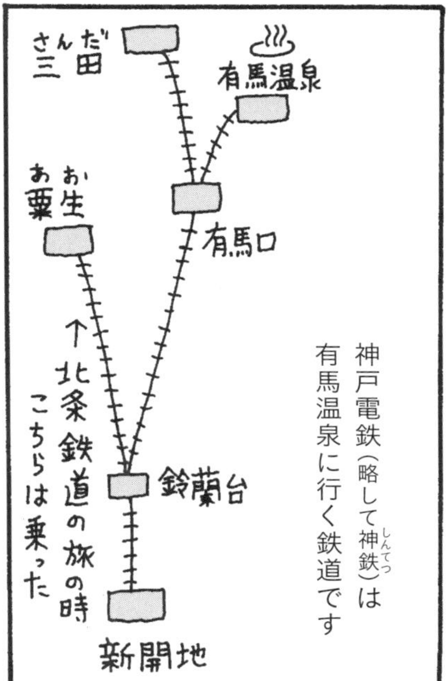
三田《さんだ》
有馬温泉
有馬口
粟生《あお》
鈴蘭台
新開地
↑北条鉄道の旅の時こちらは乗った
神戸電鉄（略して神鉄《しんてつ》）は有馬温泉に行く鉄道です

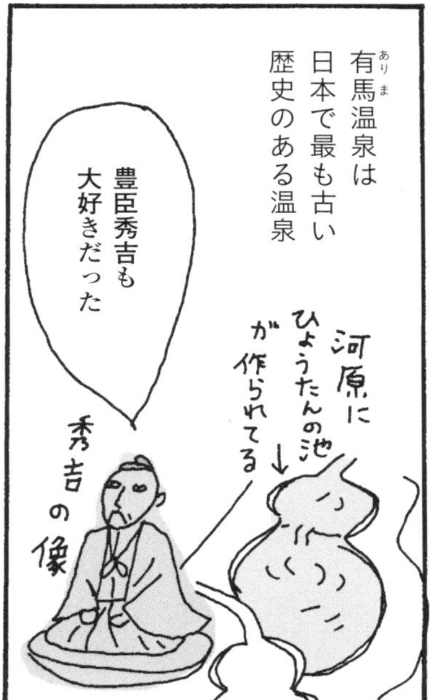
有馬《ありま》温泉は日本で最も古い歴史のある温泉
豊臣秀吉も大好きだった
河原にひょうたんの池が作られてる
秀吉の像

新開地駅で待ち合わせ
普通
三田
ジョイフル有馬
三田方面行きに乗ります
ヘッドマークがジョイフル有馬だ
ホントだ
私、有馬温泉は六甲山を山登りしたときにしか行ったことないです
えっ山登りして？
六甲山を登って
くだると有馬温泉なんです
温泉に入ってビールをのむのが最高！
あ〜
それはお酒好きな人がよくいうセリフですねっ
ハイとっても楽しいです
ふと気がつくと息子が寝ていた

ちーと君
ちゃんと座って
ここはベッド
じゃないよ
眠く
なったん？
おなか
へった
着いたらお昼
食べよう
何食べたい？
カレーかな
いや…
昨日カレー
だったから
うどん
かな……
有馬口で
乗りかえ
ありまぐち
有馬温泉駅
まで
ひと駅
車窓が
山の中だねぇ
山ですね
到着
わ、
ちょっと
さむい
やっぱり
山の上だな
ゆだんしたな

ここは何度も来てるからわかります
こっちです
ミッキーさんのあとをついて行く
テク
テク
テク
ここが温泉街です
わあ
絵に描いたような温泉街だね
おなかへった
古い街並みがシブイねえ
おなかへった

せまい坂道の路地を歩いていくと
おなかすいた
ちーと君うどん屋さん探してっ
お肉屋さん
ミンチカツ、コロッケ
ナンバーワン ビーフ アンド ポテイト
ナンバーツー ビーフ アンド オニオン
コロッケ食べたい!!
コロッケ食べましょうか
オレはミンチカツ
外国の人にコロッケを説明するとき「牛肉とじゃがいも」ミンチカツは「牛肉とたまねぎ」なのかぁ……
くる
てんてんさんはどうします?
あっ私もコロッケ!!
温泉街でコロッケいいねぇ
あつあつ
うまうま
おいしかったね
じゃーうどん屋さん探そうか

また温泉街を歩いていく
あっ
ん？
カレーうどん専門
Curry noodle
Belgia
へー
カレーうどんの店
だって
えっ
ここに
するの？
ちーと君
カレーうどん
食べたことないいん
じゃない？
大丈夫？
お野菜がギュッと
煮込んである
カレーうどん
を食べました
おいしかった
温泉たまご
ごはん
息子は初カレーうどん
夢中で食べてました
うまい
けど
カライ

カレーうどん食べてポカポカになったら
さむっ
外はさむいっ
そんなら足湯があるけど入る？
さむいな
入る!!
えっ
私、まさかちーと君が足湯に入ると思わなかったからタイツで来ちゃったよ
私もそれだけはありえへんなと思ったからタイツです
そんならくつ下でくればよかった
ガッカリ
同じく……
初めての足湯↓
どーした？
ちょっとまって
えっ
見学のふたり

足湯のサービスは日帰り共同浴場「金の湯」の入口のところにあります

ちーと君
このあと
おみやげに
炭酸せんべい
買うから
つきあって
せんべい
炭酸
せんべいいって
どんなん？
試食を
食べてみ
ぱりっ
どうやった？
おいしい？
フッーに
うまい
えー
どーゆー
こと？
いや炭酸て
いうのだから
シュワシュワする
のかと思った
サイダーみたいに
ちょっと待て
その会話は
何だ？
ちーと君、炭酸水
飲んだことないだろ
しかも炭酸せんべい
は……
ウチのななめ前に
老舗《しにせ》の店があって
炭酸
せんべい
ウチ
いつも
売ってるじゃ
ないか!!

いやいや 炭酸水は よそで飲んだ のかもしれないし 炭酸せんべいは ウチで買ったことないし
帰りは三田まで 神鉄に乗ることに しました
そういえばさ 黒い新型車両 乗ってないね
えっ、黒いの があるの?
今まで 見たのは 赤と白やったけど
新型は黒 なんだよ
なんて言ってたら
6003
わっ 黒いの 来た!!
ホンマや 新型車両
新型車両にも 乗れて ラッキー でした
アイハバペーン アイハバアッポー ンー アッポーペーン
アハハハ
後日談
息子は 炭酸せんべい 好きになり
オヤツは 炭酸せんべいに なりました

大阪環状線でぐるぐるまわる

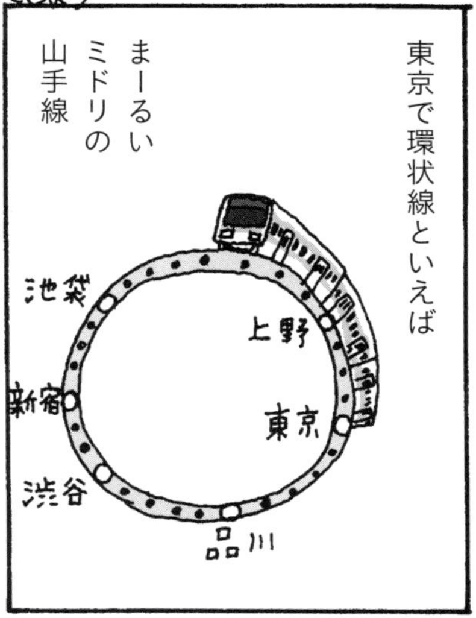
東京で環状線といえば
まーるい
ミドリの
山手線
池袋
上野
新宿
東京
渋谷
品川

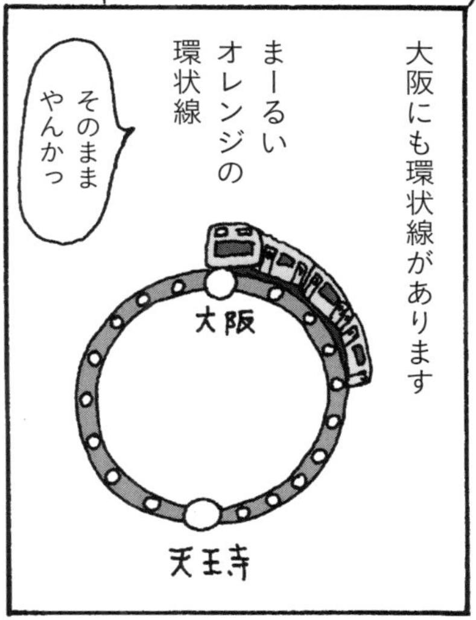
大阪にも環状線があります
まーるい
オレンジの
環状線
そのまま
やんかっ
大阪
天王寺

大阪の街を電車で移動するときは地下鉄が多かったのであまり乗ったことのない電車でした
大阪駅 環状線のりば 1・2番線ホーム「福島」寄りで待ちあわせ
おはようございます
おはようございまーす
わっアレ環状線？はじめて見る車両!!
新車両だよ２０１６年から走りだした
環状線といえば全面オレンジのイメージやったのに!!
大阪
中もスゴイなぁ
ホラあっちにもこっちにもＬＥＤ
天満《てんま》ー
天満ー
天満は安くておいしい居酒屋さんが多いので友人とのみに行くときはよくここに来ます
へー

オレンジの車両は２０１７年10月で引退してしまいました…

それじゃ大阪駅が東京駅だとすると
天満は新橋みたいな感じ？
いやー、新橋に近いのは反対側の福島かも
会社が多いしテレビ局もありますよ
桜ノ宮ー桜ノ宮ー
あ、私去年ここに三谷文楽を観に来ましたよ
ピロティホールっていうところ
ああ、それはここじゃなくて森ノ宮です
えっ桜ノ宮と森ノ宮があるんだ!!
どうちがうんだろう
桜ノ宮は桜が咲くところで森ノ宮は森があるんだ
ホントか？

三谷文楽…三谷幸喜が脚本・演出を務める文楽

大阪城公園駅下車
ここから大阪城に行こう
久しぶりっ
私 ハジメテ
あれ？私、この駅
降りたことがある!!
えっなんで？
大阪城ホールで宝塚歌劇100周年の大運動会をやったので観に来たのでした
大阪城ホール
あのときはこの広い公園がヅカファンでうめつくされてましたよ！
タカラヅカファン
へー
テクテクテク
それにしても広いねぇ
なかなか大阪城見えませんね

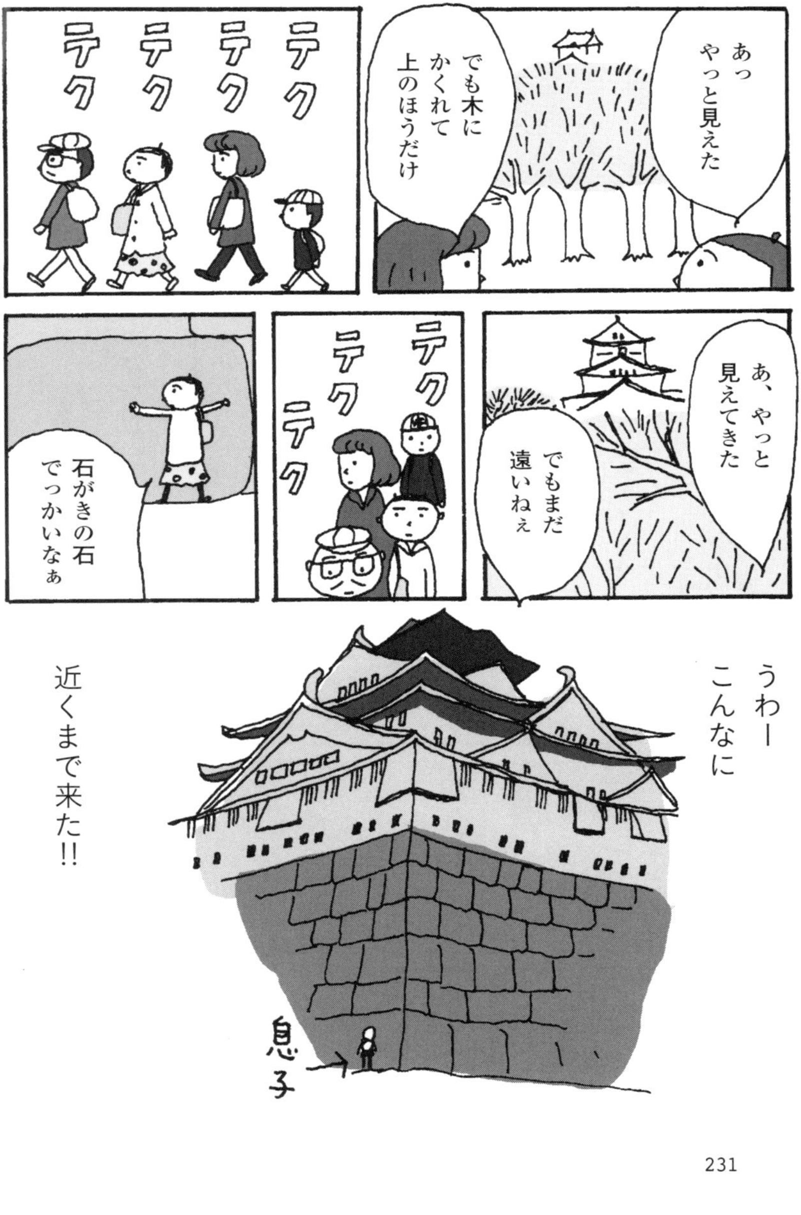

あっ
やっと見えた
でも木に
かくれて
上のほうだけ
テク
テク
テク
テク
あ、やっと
見えてきた
でもまだ
遠いねぇ
テク
テク
テク
石がきの石
でっかいなぁ
うわー
こんなに
近くまで来た!!
息子

ぐるっと
まわって
こっちが正面!!
ピカーー
ひゃー
金の部分が
輝いてるー
まぶしーー
ところで
大阪城名物
って
何ですか?
ないです
…
まー
そんな
もんですよね
…

大阪城限定という
バナナソフトクリームを食べました
なぜバナナ？秀吉が黄金好きだから？
サルだからじゃないですか？
ミッキーさんは
まっ茶味
反対側の森ノ宮駅から再び環状線に乗る
森ノ宮
大阪城
大阪城公園
森ノ宮駅の発車音は「森のくまさん」
やっぱり森があるから？
次の玉造《たまつくり》駅は「メリーさんのひつじ」
ひつじがいるの？それともメリーさん？
てんてんさんっ この駅はドアが開くだけで焼き肉の香りがしますよ
鶴橋ー
鶴橋ー
くん
くん
ホントだっ
ね？

鶴橋駅の発車音は「山の人気者」。替え歌が「ヨーデル食べ放題」として有名だから？

この後
天王寺駅で
降りて
未知の駅
JR難波《なんば》駅
に行こう
JR難波駅!?
難波駅って
地下鉄とか
近鉄とか
南海とか
阪神じゃないの？
JR難波駅って
大阪育ちの私も
降りたこと
ありません
JR難波駅に行く電車は緑
昔の
山手線
みたい
天王寺駅から
3駅目
ココ
JR
難波
今宮
新今宮
天王寺
環状線の
路線図
ココだけとびだしてる
特別な駅
の感じが
するねぇ

JR難波駅は地下にありました
まあフツーの駅だよねぇ
そーですね
なんばに来たからにはあそこに行きたいっ
はじめてやね
この電車の旅でちーと君が行きたいところを主張するの
息子が行きたがってるところ
それはココ!!
なんばグランド花月
今息子はよしもと新喜劇にハマってるのです

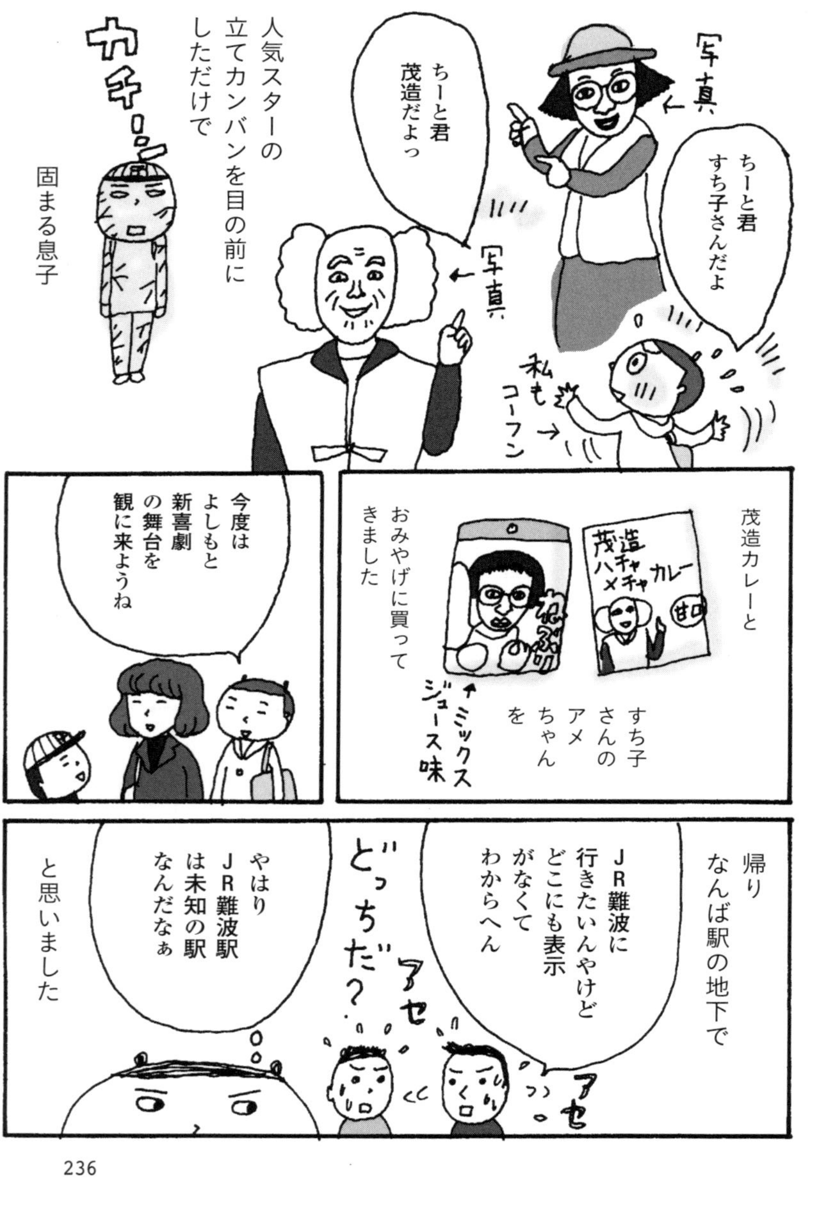
写真
ちーと君 すち子さんだよ
写真
ちーと君 茂造だよっ
私もコーフン
人気スターの立てカンバンを目の前にしただけで
カチーン
固まる息子
茂造カレーと
すち子さんのアメちゃんを
おみやげに買ってきました
茂造 ハチャメチャカレー
甘口
ミックスジュース味
今度はよしもと新喜劇の舞台を観に来ようね
帰りなんば駅の地下で
JR難波に行きたいんやけどどこにも表示がなくてわからへん
どっちだ?
アセ
アセ
やはりJR難波駅は未知の駅なんだなぁ
と思いました

沿線のおすすめ情報

本文掲載以外にも、
楽しいところがいっぱい！
おすすめ情報をまとめました。

（文・編集部）

阪神電車のおすすめ

海と山のええとこどり！

阪神は海も山も楽しめるええとこどりな沿線です。「武庫川駅」には、釣りスポットとして人気の高い「武庫川一文字」という日本最長の防波堤が。武庫川の河口にある「尼崎市立魚つり公園」では、レンタルで竿を借りられるので気軽に釣りが楽しめます。

「岩屋駅」では「横尾忠則現代美術館」「兵庫県立美術館」などアートに触れることも。「神戸市立王子動物園」も近く、イベントも頻繁に開催しています。

「御影駅」では灘《なだ》の地酒に触れたり、六甲山へ登って自然を感じたりするのもおすすめです。

大阪モノレールのおすすめ

国立民族学博物館

「万博記念公園」の中にある「国立民族学博物館」では、世界のいろんな民族の文化や社会、歴史に触れることができます。チリのモアイ像やオーストラリアのブーメラン、音楽や衣食住が展示される、迫力ある空間です。

神戸電鉄のおすすめ

とことん有馬

「有馬温泉駅」から徒歩15分ほどのところにある「瑞宝寺公園」は、有馬温泉が大好きだったという豊臣秀吉が愛用した、石の碁盤が残されています。紅葉の名所でもあり、大勢の人で賑わうそう。

大人から子どもまで、誰でも簡単にニジマス釣りが楽しめる「有馬ます池」も家族連れに人気。ますの唐揚げや塩焼きなどの一品料理も食べられます。そばを流れる滝川では、6月頃になるとゲンジボタルを見ることができます。

JR西日本のおすすめ

寝台列車

人生で一度は乗ってみたい、寝台列車。JR西日本で2つある寝台列車のうちの1つが「トワイライトエクスプレス瑞風《みずかぜ》」です。1989年にはじまり、2015年まで運行していた「トワイライトエクスプレス」(大阪～札幌間)の伝統を引き継いだ豪華寝台列車。大阪駅、京都駅から発車し、山陰本線を走ります。城崎温泉、萩を通り、終着は下関。上りや下り、周遊コースなどから選べます。これがもう、見事な豪華列車でして、1泊2日で20万円はくだらない。乗るのはなかなか遠い夢ですが、かっこいい緑の列車なので、見かけたらちょっとラッキーかもしれません。

おわりに

「関西での鉄道旅をマンガにしませんか？」

ミシマ社の三島社長からそんな企画が持ち込まれたときは、ぜひやらせてください、と二つ返事で引き受けました。小学生になった息子と、魅力的な関西の電車に乗って、あちこち旅をする。大げさな旅行じゃなくて、週末にちょこっと2、3時間で行けるところに日帰り旅行です。

この旅行に同行してくれることになったのが、ミシマ社のホープ、若き編集者の新居未希さんです。平成生まれで、私たちよりも息子のちーと君との年齢差のほうが近いくらいのミッキーさんの存在が、この旅をまた弾むような楽しいものにしてくれました。

関西生まれで関西育ちのミッキーさんは、良きガイドになってくれたのですが、そんなミッキーさんでも知らないことがいっぱいあって、いろいろ発見しながら旅をすることになりました。鉄道熱が冷めてきてしまった息子にとっても「ミッキーさんとのお仕事じゃしゃーないな」と引っ張り出す力となり、良き思い出が残ったんじゃないかな。

月に1度くらいのペースであちこちに行って、マンガにまとめました。今回、本にするにあたって、読みやすくするために季節ごとにまとめてみたのですが、多少時系列が乱れてしまったため、息子の気持ちの変化みたいなものや、時事ネタが前後してしまっています。まあそのへんもご愛嬌《あいきょう》ということで……。

最後になりましたが、ミシマ社のミッキーさん、三島社長をはじめ、ご登場いただいた鳥居さん、その他のスタッフの皆さんに感謝の意を捧げます。デザイナーのいわながさとこさんもお忙しい中ご尽力くださいましてありがとうございました。ご協力いただいた鉄道会社さん、旅先で出会った方々、この本を手に取ってくれた読者の皆さんにも感謝いたします。本当にありがとうございました。

2018年2月末　細川貂々

細川貂々　ほそかわ・てんてん

1969年生まれ。セツ・モードセミナーを卒業後、漫画家・イラストレーターとして活動。電車好きになった息子の影響で、電車に乗るのが好きになる。2011年より関西在住。
著書に『親子テツ』『それでも母が大好きです』（以上、朝日新聞出版）、『40歳から「キレイ」と「オシャレ」始めました。』『タカラヅカが好きすぎて。』（以上、幻冬舎）、『わたしの主人公はわたし』（平凡社）、共著に『それでいい。』（水島広子、創元社）など多数。パートナーとの闘病を描いたコミックエッセイ『ツレがうつになりまして。』シリーズ（幻冬舎）はドラマ化、映画化もされた。

日帰り旅行は電車に乗って
関西編

2018年4月1日　初版第一刷発行
2018年4月18日　初版第三刷発行
著　者　細川貂々
発行者　三島邦弘
発行所　（株）ミシマ社
〒152-0035
東京都目黒区自由が丘2-6-13
電話　03（3724）5616
FAX　03（3724）5618
e-mail hatena@mishimasha.com
http://www.mishimasha.com/
振替　00160-1-372976

ブックデザイン　いわながさとこ
印刷・製本　（株）シナノ
組版　（有）エヴリ・シンク

ISBN 978-4-909394-04-0

本書は、「みんなのミシマガジン」（mishimaga.com）に「関西は電車に乗って」と題して2015年4月から2017年4月まで連載されたものを再構成し、書き下ろしを加えたものです。